平成の天皇と戦後日本

河西秀哉
Kawanishi Hideya

人文書院

平成の天皇と戦後日本　目次

平成の天皇と戦後日本

はじめに――「平成流」の皇室と国民意識

「日本人の意識」調査

ＮＨＫが五年ごとに行っている「日本人の意識」調査というアンケート調査がある。同じ質問、同じ方法で世論調査を行っており、まさに「日本人の意識」を定点観測的に知ることができるデータともいえる。一九七三年（昭和四十八）に第一回の調査が行われ、二〇一三年（平成二十五）に、十六歳以上の五千四百人に対して第九回の調査が行われた（https://www.nhk.or.jp/bunken/summary/yoron/social/pdf/140520.pdf）。そのなかには、「あなたは天皇に対して、現在、どのような感じをもっていますか。リストの中から選んでください」、という質問がある。リストには「尊敬の念をもっている」「好感をもっている」「特に何とも感じていない」「反感をもっている」「その他」「わからない、無回答」という項目があり、このなかから回答を選択する。

調査結果のグラフを見ると、一九七三年の第一回調査より昭和の時代は一貫して、上位から「何とも感じず」→「尊敬」→「好感」→「反感」の順であった。おそらくこれは、象徴天皇制への意識とともに、昭和天皇個人への国民の感情とも見ることができないだろうか。また調査を経るにしたがって、次第に「尊敬」が減少していることがわかる。戦前から戦中の間に教育を受けた世代が減少し、「象徴」としての天皇しか知らない若い世代が増加したことがその要因かと思われる。そしてこうした層が「何とも感じず」と答えたのではないだろうか。

また、平成に入ってすぐの一九九三年の調査で、「好感」が急に伸びているのは、本論でも述べるように「開かれた皇室」への転換を図った明仁天皇・美智子皇后への国民の注目といえるだろう。くわえて、「好感」が昭和の時代よりも数値が高いことも平成の時期の特徴である。この調査の二〇〇三年分までを分析した吉田裕は、「尊敬」が減り「好感」が増えていることに注目し、カリスマ的権威を身につけていた昭和天皇とは異なり、明仁天皇にはそうした権威が感じられないが「開かれた皇室」への国民からの好感が高いことを指摘している。また、「何とも感じず」と回答した人々の存在にも注目し、それが若

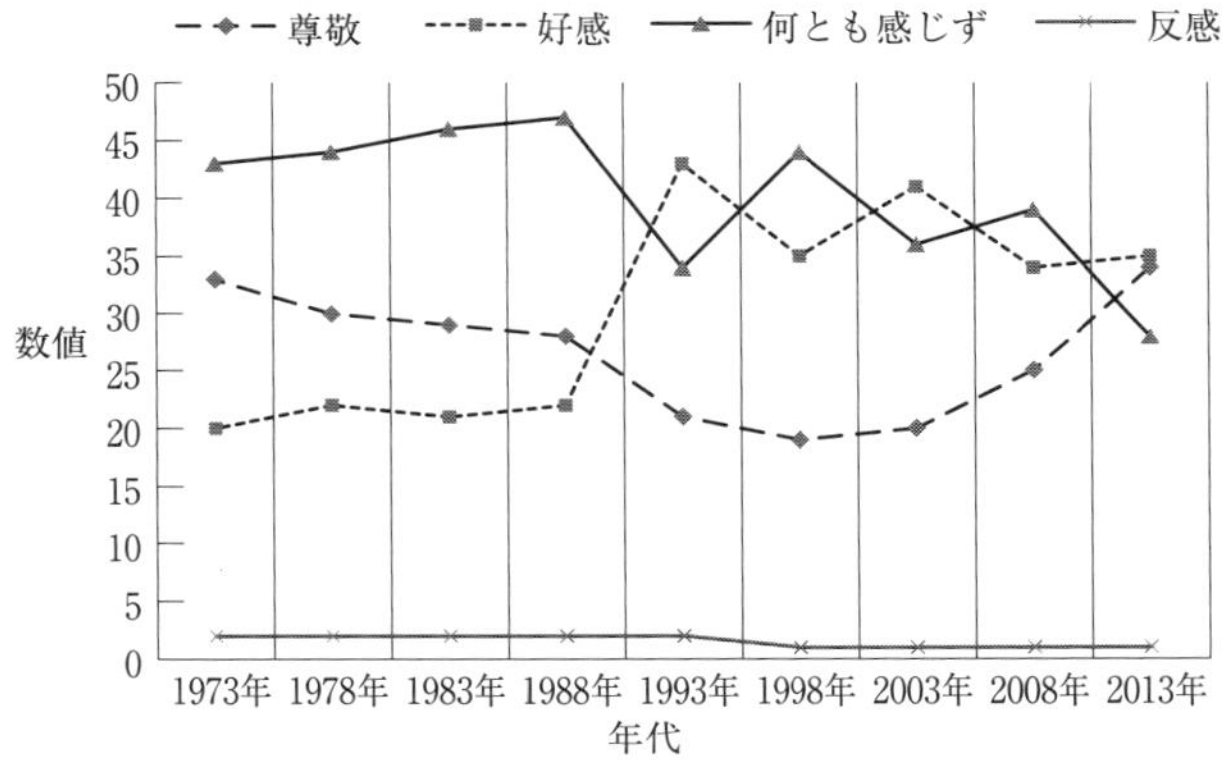

「日本人の意識」調査（NHK）

年層できわめて高いことを指摘している（吉田裕「現代日本のナショナリズム」後藤道夫編『日本の時代史28　岐路に立つ日本』吉川弘文館、二〇〇四年、のちに吉田裕『現代歴史学と軍事史研究』校倉書房、二〇一二年に収録）。この時期、「「天皇抜き」のナショナリズム」の存在も指摘されており、象徴天皇制は岐路にあったともいえる。

国民意識の変化

ところが「日本人の意識」調査のグラフを近年まで見てみると、そうした傾向に変化があることがわかる。昭和の時代から平成の最初には減少傾向であった「尊敬」が近年の調査あたりから次第に上がりはじめ、二〇一三年（平成二十五）には三割台になって、最も多い「好感」に迫る勢いだからである。また、昭和の時代には四割台後半もあった「何とも感じず」が二割台に減少していることも重要であろう。

なぜこのような数値に変化したのだろうか。これは二〇一一年の東日本大震災後の明仁天皇・美智子皇后の行動や思想が影響しているように思われる。大震災後の三月十六日、天皇はすぐに被災者へのメッセージを発したほか、皇后とともに被災者へのお見舞いのためにいち早く被災地へ赴き、その後もそれを繰り返している。そこで展開される光景は、体育館の床に座っている被災者に対して、わざわざ床に膝をついて同じ目線で話を聞く天皇・皇后の姿である。四月二十七日に訪れた宮城県南三陸町立歌津中学校において二人が被災者を励ます光景は、その代表的な姿ともいえる。

近世天皇制を研究している藤田覚が、そうした天皇・皇后の光景を「私には、どこか「ありがたい」というようなやわらかな雰囲気に見えた。天皇・皇后は、困難や苦難のなかにいる人びとを「慰撫」する力をもっている、といえるのではないかと思った」と記すように（「天皇　変わるものと変わらないもの」『思想』第一〇四九号、二〇一一年）、明仁天皇・美智子皇后が上からではなく人々と同じ高さに立っていることがマスメディアを通して印象づけられた。そして、「ありがたい」という感情が「日本人の意識」調査の「尊敬」

へとなったのではないか。

では、なぜ天皇はこうした行動をとるのだろうか。本書ではこの疑問を解くために、現在の象徴天皇制のありようを規定している明仁天皇に焦点をあてて、その戦後のあゆみを概観してみたい。それによって、現在の天皇の行動の意味が明らかになるはずだと考えるからである。また本書の試みによって、象徴天皇制が戦後社会にあってどのような位置づけにあり、それがどのように変化しているのかもわかるはずである。明仁天皇のあゆみを通して、戦後社会の姿や象徴天皇制とは何かを明らかにする試みとしたい。

なお本書では、誕生から立太子の礼までを明仁親王、それ以降天皇になるまでを皇太子、そしてその後を明仁天皇と呼んでおきたい。

第一章　新しい皇太子像の創出

誕生から敗戦まで

一九三三年（昭和八）十二月二十三日午前六時三十九分、継宮明仁《つぐのみやあきひと》親王は誕生した。一九二四年（大正十三）一月に裕仁《ひろひと》親王（のちの昭和天皇）と良子《ながこ》女王（のちの香淳皇后）は結婚し、照宮成子《てるのみやしげこ》・久宮祐子《ひさのみやさちこ》（ただし夭折）・孝宮和子《たかのみやかずこ》・順宮厚子《よりのみやあつこ》の四人の内親王が生まれていたが、男子はこのときまでいなかった。明治期に制定された皇室典範では、男系男子しか皇位継承が認められていなかった（現在の皇室典範でも認められていない）。このときに誕生した明仁親王は、その意味では待望の男子誕生であり、生まれながらにして次期天皇としての期待をかけられたのである。「帝都は万歳の交響／沸騰する市民の歓喜」（『東京朝日新聞』一九三三年十二月二十四日夕刊）という表現のように、日本中で親王の誕生に関する奉祝行事が行われた（牛島秀彦『ノンフィクション 天皇明仁』河出文庫、一九九〇年／斉藤利彦『明仁天皇と平和主義』朝日新書、二〇一五年など）。

この年は満州事変にともなって日本が国際連盟を脱退しており、軍国主義的風潮が国内に広がりつつある時期だった。こうした状況のなかで明仁親王は育ったのである。それについて、一九九九年（平成一一）の即位十年にあたっての記者会見で次のように語っている。

私の幼い日の記憶は、三歳の時、昭和十二年に始まります。この年に盧溝橋事件が起こり、戦争は昭和二十年の八月まで続きました。したがって私は戦争の無い時を知らないで育ちました（宮内庁編『道 天皇陛下御即位二十年記念記録集 平成十一年〜平成二十年』日本放送協会、二〇〇九年）。

明仁親王は三歳までは両親の下で育てられたが、一九三七年に東宮仮御所が完成し、親元から離れて生活することになった。傅育官《ふいくかん》と御用掛に囲まれての生活であった。天皇家には両親とは別居して育てられる慣習があり、それに則ったのである。親子では厳しいしつけができず、天皇となる人物には他家で育てられることで将来への眼を養わせようとする考えが宮中にはあった（高橋紘『人間 昭和天皇』上、講談社、二〇一一年）。

このように「君主」としての人格を養う教育が目指される一方、学習院初等科において多数の学生のなかでの一般教育も行われた。時代の雰囲気の影響を受けて「軍国少年」として育った一方、その軍国主義から遠ざけるために軍人に任官されず（幼少から任官するとその職務に時間が取られ、親王への教育に支障が出る可能性も想定された）に敗戦を迎える（瀬畑源「明仁皇太子の教育に関する一考察」『年報日本現代史』第九号、二〇〇四年）。このことが明仁親王に戦争イメージを付加させない要因となり、敗戦後の象徴天皇制の展開過程において重要な意味を持つこととなった。

ただし、明仁親王自身も戦争についての経験はしている。アジア・太平洋戦争の戦局悪化にともなって、一九四四年七月より日光へ疎開し、食糧不足に苦しむ経験をした。また敗戦後に東京に戻ってきた際には、空襲後の姿を目の当たりにしていた。そのときの情景を一九九五年八月三日に東京都慰霊堂を訪問した際の感想で、「焼け野原の中に小さなトタンの家々が建っていた当時を振り返るとき、あの廃墟の中より今日の東京が築かれたことに深い感慨を覚えます」と振り返っている（宮内庁編『新装版　道　天皇陛下御即位十年記念記録集　平成元年～平成十年』日本放送協会、二〇〇九年）。このように、アジア・太平洋戦争に関する記憶は明仁親王のなかに刻まれたものと思われる。これが後年の戦争の記憶への取り組みの土台になったのではないだろうか。

GHQによる天皇制民主化策

アジア・太平洋戦争における敗戦は、戦前日本の諸制度に変革を迫った。連合国は、日本がこれ以後再び戦争を引き起こさないように、軍国主義の除去を最重要課題としていた。そのため占領軍（GHQ）は、日本の民主化を徹底的に進めていく。

日本側においても、連合国・GHQから予想される民主化要求を先取りするとともに、今後国内の革命勢力が勢いづくのを防止しようと思考し、自主的発意による制度改革・憲法改正の模索を敗戦直後の一九四五年（昭和二十）からはじめていた。それは、連合国内において昭和天皇の戦犯裁判要求や天皇制廃止の声があるなかで、そうされないように先手を打つ形で日本側において「民主化」しておこうとする動きともいえる（河西秀哉『「象徴天皇」の戦後史』講談社選書メチエ、二〇一〇年、増補版『天皇制と民主主義の昭和史』人文書院、二〇一八年）。

敗戦前後から提起された昭和天皇の退位論もそうした側面があった。元首相の近衛文麿による退位論は、あるべき君主として振る舞うことができなかった昭和天皇に、道徳的な責任を取らせることで天皇制廃止論に先手を打ち、皇室・天皇制を維持させることを狙った動きと見ることができる（吉田裕『昭和天皇の終戦史』岩波新書、一九九二年）。国民に対して、また連合国に対して、天皇が責任をとったことを示し、制度の維持を図ろうとするものであった。退位論は実現しなかったものの提起されることで、「天皇とは道徳的な存在である」という概念が強調され、広範に浸透していく（河西秀哉『近代天皇制から象徴天皇制へ』吉田書店、二〇一八年）。これは、天皇の「道徳的」振る舞いが天皇制の支持へと繋がっていく現在の象徴天皇制の姿の原型ともいえる。

ＧＨＱは天皇制の民主化をその後も進めていく。民間情報局（ＣＩＥ）は、軍国主義的なイデオロギーを除去するため、天皇の神格化否定を構想し、それを天皇自身が発表することを望んだ。そこで、ＧＨＱ側と日本側とで交渉を経ながらその詔書の原案が作成されていく。この案作成のなかでは、キリスト教人脈が活躍したことはよく知られている（牛島前掲『ノンフィクション　天皇明仁』／高橋紘『象徴天皇の誕生』角川文庫、二〇〇二年など）。二〇一四年に完成し公開された「昭和天皇実録」には、敗戦後に天皇がキリスト教関係者と頻繁に会見している状況も克明に描かれている（原武史『昭和天皇実録を読む』岩波新書、二〇一五年）。宮中におけるキリスト教人脈の浸透は、次章で述べる明仁親王への教育とも関係していく。

象徴天皇制の誕生

さて、神格化否定をめぐるＧＨＱ側と日本側の交渉のなかで、昭和天皇は明治天皇による「五箇条の御誓文」を勅語に挿入することを強く希望し、それが冒頭に掲げられることになった。これが一九四六年一月一日に発表された、いわゆる「人間宣言」（新日本建設ニ関スル詔書）である。昭和天皇はＧＨＱが当初構想した神格化否定ではなく、明治天皇によって発せられた民主主義に基づいて新日本を建設することを宣言するものへとその意図を変化させた。一方、マスメディアは「人間宣言」を歓迎したが、必ずしも天皇の意図通りには報道しなかった。皇室記者は盛んに天皇の「人間」的な側面を描く記事を執筆し、天皇制が民主化したことを強調する。そうして、次第に「人間宣言」という言葉が定着していくが、それはＧＨＱの当初の意図でもあった。

この「人間宣言」の意図をアピールするため、一九四六年より天皇の全国巡幸が開始された（河西前掲『天皇制と民主主義の昭和史』）。「人間天皇」の姿を国民が目の当たりにしたのである。これにより、国民は天皇が戦前よりも身近な存在になったことを認識していく。皇居が次第に開放され、敗戦後再び国民がなかに入ることができるようになったことも、天皇制の民主化と捉えられていった（河西秀哉『皇居の近現代史』吉川弘文館、二〇一五年）。マスメディアの報道もそれを歓迎するかのような論調であり、こうしたイメージがいっきょに広がっていったのである。

そして、GHQは日本の民主化の象徴としての大日本帝国憲法改正に着手していく。日本政府からも改正案が示されるものの、その微温的な改正案をGHQは拒否、民間の憲法研究会などの案を参考にGHQ案を作成して日本政府に手渡した。そのなかで天皇は「象徴」とされた。日本側はそれをもとに政府案を起草するが、天皇の条項に関してGHQ案を修正・否定することはなかった（古関彰一『新憲法の誕生』中央公論社、一九八九年など）。こうして日本国憲法は一九四七年五月三日に施行され、象徴天皇制が成立する。しかし象徴となったとはいえ、いまだその内容は曖昧であり、その後もその解釈をめぐってさまざまな軋轢や事件が起こっていく（河西前掲『天皇制と民主主義の昭和史』）。

GHQはまた、敗戦直後より皇室財産の解体も進めていた。莫大な皇室財産を処分し、基本的には私有財産を有しない存在へと皇室を変えていく。それにともなって、一九四七年十月、直宮以外の十一宮家の皇族は皇籍を離脱することになった（小田部雄次『皇族』

中公新書、二〇〇九年）。こうして戦後の皇室は昭和天皇・明仁親王・天皇の弟宮たちなど少数に限定され、スタートしたのである。

アメリカからの家庭教師

ＧＨＱは日本の民主化に向け、教育改革を実施していく。最高司令官のダグラス・マッカーサーは、専門家で構成された教育使節団をアメリカから呼び、日本の現状を視察させ改革案を提示させた。この団長は、ニューヨーク州教育長官のジョージ・スタッダードであった。スタッダードはアメリカへの帰国前の一九四六年（昭和二十一）、昭和天皇と会見している。天皇はこの時スタッダードに対して、「学習院中等科に入学の皇太子のため、米国人家庭教師の推薦」を依頼した（「昭和天皇実録」一九四六年三月二十七日条）。瀬畑源によれば、明仁親王への教育は、憲法改正などの占領下で起きていた社会状況を変化したものでなければならないと天皇は思考し、また自身の経験から外国文化との接触の重要性を認識していたことから、アメリカ人家庭教師の推薦を依頼したのだという（瀬畑前掲「明仁皇太子の教育に関する一考察」）。

一方、ＧＨＱ側からもマッカーサーの軍事秘書であったボナー・フェラーズが吉田茂外相に、明仁親王の家庭教師にアメリカ人女性をつけることを提案していた（東野真『昭和天皇二つの「独白録」』日本放送協会、一九九八年）。ここには、将来の日米関係を考慮し、親王を親米派としておきたい意図もあった（瀬畑前掲「明仁皇太子の教育に関する一考察」）。そして具体的な人選が始まる。この過程は「昭和天皇実録」に詳しい。

午前、内廷庁舎御執務室において宮内大臣松平慶民《しげたみ》に謁《えつ》を賜い、皇太子の家庭教師として、エリザベス・グレイ・ヴァイニングを推薦する旨の奏上を受けられる……スタッダードは六月十九日付でヴァイニング及びもう一名の米国人女性の候補者の推薦状を連合国軍最高司令部民間情報局長ドナルド・ロス・ニュージェント、及び宮内省御用掛寺崎英成に送付し、七月五日に両名の推薦状及び履歴書が宮内省に達する。これにつき選考を任された学習院長山梨勝之進はヴァイニングを選出し、また昨八日には東宮侍従長穂積重遠東宮大夫・東宮侍従角倉志朗・東宮御学問所主管野村行一宮内省御用掛も協議を行い、ヴァイニングを可とする旨に意見が一致し、この日の奏上に至る（「昭和天皇実録」一九四六年七月九日条）。

クエーカー教徒であるヴァイニングが家庭教師に決定されるにあたっては、「人間宣言」のときにも活躍したキリスト教人脈がかかわっていた。また、イギリスやアメリカなどへの留学経験のあった天皇側近の影響も大きかった（保阪正康『天皇のイングリッシュ』廣済堂新書、二〇一五年など）。

平和主義の原点

ヴァイニングは週に一度明仁親王に英語の個人授業を行うこと、学習院・女子学習院において英語を教え皇太子や皇族の女性の学力増進をはかることが義務として課された。彼女は一九四六年（昭和二十一）十月に来日し、当初は一年契約であったのが延長して一九五〇年十一月まで約四年間、明仁親王の家庭教師を務めた。十二歳から十七歳という多感な時期にヴァイニングからの教育を受けた親王は、その影響を強く受けたのである。

ヴァイニングは「永続的な平和の基礎となるべき自由と正義と善意との理想を、成長期にある皇太子殿下に示す絶好の機会がいま眼の前にあるのだ」（E・G・ヴァイニング『皇太子の窓』文藝春秋、一九八九年）と述べるように、アジア・太平洋戦争後の平和とそれを根拠づける民主主義的な思潮に強い理想を抱いていた。平和主義を標榜するクエーカー教徒らしい思想ともいえる。こうしたヴァイニングの考え方が明仁親王に伝わっていく。

ヴァイニングはクラス全員に英語のニックネームをつけ、クラスメートと明仁親王を平等に扱った。こうして親王に民主主義を体感させたのである。

また、学習院事務官であった浅野長光は次のように述べている。

ヴァイニングの夫人の教育方針は、世界のなかの日本人なのだ、世界の人びととともに進むのでなければならない—ということだと思う。ヴァイニングさんが来てよかったことは、皇太子が、自分で語学をやって、自分の考えで、自分でしゃべる、そういうふうになったこと。国民のことを知って、国民とともにいきていく、そういうことを教えて、皇太子を育ててくれたことです（牛島前掲『ノンフィクション 天皇明仁』）。

このように、ヴァイニングは敗戦後の日本が世界のなかで生きていくことを強調していた。それは、先に述べた平和主義とも関連するだろう。敗戦後の「新生日本」はそうした意識を持って出発しなければならなかった。後述するように一九五〇年代初頭に明仁親王がこのような国家像の象徴として捉えられたのは、ヴァイニングの教育を親王が受け、そうした意識を身に着けていたからともいえるだろう。また、こうした教育を受けることによって、明仁親王は自発的・主体的に行動をしつつ、国民との関係性を考えることを認識するようになった。これはのちの明仁天皇の思想や行動の原点ともなっているのではないだろうか。

ヴァイニングはまた、家庭生活の重要性も明仁親王に説いた。親子が別居している皇室のあり方を疑問視し、「英国民一般にとって、理想的な家庭生活の表現、また仰ぐべき亀鑑となっている英国王室の、幸福な健康な正常な家庭生活こそ、世界の王家の家庭生活の模範である」と述べていた（ヴァイニング前掲『皇太子の窓』）。理想的な家庭生活こそが国民にとっての象徴たり得るとの意識は、その後、ミッチー・ブームを経て美智子妃とともに実現していくことになる。

以上のように、ヴァイニングによる教育の内容は、戦前のそれとは異なっており、明仁親王の人格形成に大きく影響を与えていった。

君主としてのあり方を学んだ小泉信三の教育

のちに明仁皇太子は一九七六年（昭和五十一）、四十三歳の誕生日の記者会見で、「私の場合、小泉先生、安倍〔能成〕院長、坪井〔忠二〕博士と三人いました。小泉先生は常時「参与」という形で……。私はその影響を非常に受けました」と語っている（薗部英一編『新天皇家の自画像』文春文庫、一九八九年）。ここで非常に影響を受けたと言及される小泉博士とは、慶應義塾塾長を勤めた経済学者の小泉信三である。小泉は一九四六年四月に東宮御教育参与に就任するものの、それほど目立った動きは見せていなかった。しかし一九四八年六月に新たに宮内庁長官に就任した田島道治は、小泉を明仁親王の教育に関する責任的な立場に据えようと構想し、説得する（牛島前掲『ノンフィクション 天皇明仁』）。そして翌年二月、小泉は東宮職常時参与に就任し、明仁親王への教育の責任を負うことになった。その後、彼はヴァイニングとも親しくなり、二人三脚で教育を進めていく。ヴァイニングが親王への人格教育をするならば、小泉は天皇・君主としてのあり方を教育していくことになる。

小泉は毎週火曜と金曜に各二時間、明仁親王に講義を行った。イギリスの作家ハロルド・ニコルソン『ジョージ五世伝』を原書で読み、福澤諭吉の『帝室論』や『尊王論』もテキストとして用いられたという。これによって、明仁親王は天皇・君主としてのあり方を学んだ。小泉が一九五〇年四月に親王へ講義した記録が残っている。そこで小泉は敗戦後の天皇制と国民の関係性について述べている。「悲むべき敗戦にも拘《かかわ》らず、民心は皇室をはなれぬのみか、或意味に於ては皇室と人民とは却て相近づき相親しむに至つたといふこと」はなぜなのか。小泉は次のように意見を展開させている。

責任論からいへば、陛下は大元帥であられますから、開戦に対して陛下に御責任がないとは申されぬ。それは陛下御自身が何人よりも強くお感じになってゐると思ひます。それにも拘らず、民心が皇室をはなれず、況《いわん》や之に背くといふ如きことの思ひも及ばざるは何故であるか。一には長い歴史でありますが、その大半は陛下の御君徳によるものであります（保阪正康『明仁天皇と裕仁天皇』講談社、二〇〇九年）。

小泉は天皇の戦争責任については認めつつ、戦争責任を天皇自身が考えている意味を明仁親王に説いた。それは、人格者としての天皇（君主）の姿ともいえる。それを国民は認識しているからこそ、天皇制は敗戦後も保たれたのである。そう小泉は伝えようとした。そして、「何等の発言をなさらずとも、君主の人格その識見は自ら国の政治によくも悪くも影響するのであり、殿下の御勉強とは修養とは日本の明日の国運を左右するものと御承知ありたし」と述べ、国家を担う存在としての天皇の意味を強調した。

このように、明仁親王は天皇・君主としてのあり方とともに、国民を常に意識することを小泉から学んだ。そして、常に自分の人格が国民に意識され、それによって天皇制が継続していることを認識していったのである。

「新生日本」の代表者

明仁親王は一九五一年（昭和二十六）十二月二十三日、十八歳の誕生日を迎えた。皇室典範第二十二条では、「天皇、皇太子及び皇太孫の成年は、十八年とする」とあり、これに該当する明仁親王はこのとき成年となったのである。マスメディアはその親王を「日本の若きホープ」（『朝日新聞』一九五一年一月一日）、「わが国の若い世代の代表者」（『毎日新聞』一九五一年一月一日）とこの年の元日より期待し、多数の記事を掲載しはじめた。「新らしい世代に生きぬくためのモラルを探究される皇太子」は、「生れ変った青年日本をそのまま浮彫した」姿で捉えられた（『毎日新聞』一九五一年十二月二十三日）。講和条約を結んで再び独立する「新生日本」にふさわしい存在として、清新なイメージの皇太子とこれから再出発する日本とを符合させたのである。日本国憲法の理念である「文化国家」「平和国家」を目指す「新生日本」にとって、過去の問題と接点のない皇太子の存在はその概念に適合的であった（河西前掲『天皇制と民主主義の昭和史』）。

天皇退位論の再登場

そして講和条約調印が近づき、日本の独立が現実化しはじめてきた一九五〇年代に入ると、退位論が再登場する（冨永望『昭和天皇退位論のゆくえ』吉川弘文館、二〇一四年）。元東京帝国大学法学部教授であった矢部貞治は、「国家としての一つの統一を保つ」ためには「求心的な要素」が必要であり、日本においてそれは「国民の象徴という天皇」しか考えられない。そこで皇室・天皇制を維持するため、天皇は退位すべきだと主張する。矢部は、敗戦を導いたことに対する天皇の道徳的責任は存在すると問うた（『読売新聞』一九五一年十二月二十三日）。そしてとくに、天皇自身の決断による「自主的退位」に固執した。それは、天皇が自ら責任を感じて退位するという行為こそが国民に道徳的振る舞いを見せることになり、日本という国家の道徳的模範としての象徴天皇像を示すことができると矢部は確信していたからである。

「平和条約もできて独立国として新しい気持で国際社会に出て行こうという時ちょうどはつらつとした皇太子も成年に達せられた時期であるし、こゝらで天皇が退位されて新しい皇太子を立てゝ行こうということは日本の将来という点から」と矢部が述べるように、講和独立と明仁親王の存在が退位を主張する根拠として登場したことが重要である。

矢部の東大時代の教え子で、天皇制の若返りを求めて明仁親王に大きな期待を寄せていた国民民主党の若き衆議院議員中曽根康弘も、この時期に退位論を展開したことは著名である（衆議院予算委員会一九五二年一月三十一日）。中曽根も講和独立という国家の再出発と明仁親王の存在を理由に挙げ、それを絡めながら退位論を主張した。

このほかにも、女性運動家として著名であった市川房枝、ジャーナリストの大宅壮一がこの時期に退位論を展開したが、二人とも明仁親王が成長して「新生日本」の表象として捉えられてきた講和条約発効（「新生日本」の出発）という時期にこそ、気分を一新するために退位論を展開したのである。この時期に退位論が主張されたことには、青年として明仁親王が登場し、そのイメージと国家像が重なり合ったという背景があった（河西前掲『天皇制と民主主義の昭和史』）。

立太子の礼への関心

成年に達した明仁親王には、皇族が成年に達すると行われる「成年式」と、皇太子であることを公に告げる「立太子の礼」が待っていた。中曽根康弘は、親王が成年に達することは「国民全体の関心の問題である」から、これらは「国会議員、あるいは国会として国民としての祝意を表わす」ような行事にすべきと国会で提案していた（衆議院予算委員会一九五一年二月二十二日）。ただし、一九五一年（昭和二十六）五月に祖母である貞明皇后が亡くなったため、それらの儀式は延期となった。しかしそれによって、翌年四月二十八日の講和条約発効後初の国家的な儀式となり、むしろマスメディアや国民の明仁親王への期待をより膨らませた。

新たに自立した「新生日本」と清新な親王のイメージを重ね合わせていた中曽根は、翌年も国会で立太子の礼に関する質問をしている。

立太子の式は国家的な式典……国家の特別祝日として、国民が全部これをお祝い申し上げる……式典には、国民のできるだけ多くの階層の代表者を網羅してお祝い申し上げるのが好ましい……次の国家の象徴となられた方でありますから、ラジオやその他を通じて、あいさつ……がある方が、人間皇太子という感じにおいても、国民に非常に親しみを持たせる……イギリスにおける皇室と国民との関係、ある程度までうるわしい人情味を持った関係にしなければ、天皇制というものは……永続し得ない（衆議院予算第一分科会一九五二年二月二十二日）。

ここにも、明仁親王への大きな期待感が見える。そして、親王への親愛感を立太子の礼によって大きくアピールし、象徴天皇制を強固にしようとする中曽根の意図がうかがえる。中曽根は自らの退位論が吉田首相によって拒否されたあとも、明仁親王を前面に押し出すことで、象徴天皇制と国民との関係を、昭和天皇ではなく親王へと結ばれるように考えた。

吉田茂の思惑

これに対し吉田首相は、立太子の礼を「国民の祭典として」「広く国民代表も参列」できるようにすることは「国民の精神的統合」にも繋がると考え（吉田茂『回想十年』第四巻、新潮社、一九五八年）、国家的イベント化する点では中曽根と意見を同じくしていた。吉田は立太子の礼を通じての国民統合をねらっており、それは伝統的な皇室と国民との関係から見ると可能であるとの判断をしていた。そして、立太子の礼という空間をどう演出するのかという具体的な検討へと入っていく。

まず第一に実行したのは、国家行事にすることであった。立太子の礼は日本国憲法や皇室典範には規定がない。一九〇九年（明治四十二）に制定された皇室令第三号（立儲令《りっちょれい》）において規程があったものの、それは敗戦後の一九四七年（昭和二十二）にすべての皇室令とともに廃止になっていた。そこで、天皇の国事行為を定めた日本国憲法第七条第十項「儀式を行ふこと」を根拠とし、立太子の礼と成年式を国の行事とすることが閣議決定された。立太子の礼は「皇太子が次の象徴たるべき地位に立たれることをあらためて中外に宣明する儀式」で、「成年式は、次の象徴たるべき人が成年に達し一人前になられたこと」に関する「儀式であるから、やはり国家的に重要なもの」と位置づけたのである（佐藤達夫「〝国事〟と恩赦」『時の法令』第三〇八号、一九五九年）。

このように、明仁親王が次の象徴として約束されたことを国家的なイベントで内外に宣言し、象徴に準じた存在として政府が認識しはじめたことは重要であった。吉田内閣は退位を否定しつつも、象徴天皇制の主役が昭和天皇から明仁親王へといつでも交代できることを示したからである。また、次期象徴である親王のイメージが象徴天皇制に対する国民のイメージへとなり得る可能性もまた示したことにもなるからである。マスメディアもこの姿勢を「画期的」「新憲法で新例を開いたともいえる」「昔からの法式をできるだけ新憲法にいかし、しかも国儀としてふさわしくとり行うということ」と好意的な認識を持って報道していた（『朝日新聞』一九五二年十一月一日）。ここで日本国憲法が強調されていることは、明仁親王がそのイメージに適合的で、新憲法の申し子と認識されていたためではないだろうか。

ただ、すべて「新しい」ことだけで儀式が構成されたわけではなかった。それは「昔からの法式」、つまり敗戦後廃止された皇室令のひとつである立儲令の規定に即して立太子の礼は挙行された。また貞明皇后の葬儀のときの路線が踏襲され、学校や役所などの当日午後は休みとなった。吉田は意識して旧憲法の伝統的制度との連続性を追求しており（渡辺治『戦後政治史の中の天皇制』青木書店、一九九〇年）、立太子の礼には皇太子の新しいイメージによって国民に親しみを与えるという大衆化の路線とともに、伝統的な儀式を守りつづけるという路線も並行させていた。

この時期の冷戦・東アジアにおける相次ぐ共産主義国の誕生といった状況は、国内統治における不安定要素の除去や、占領終了後のＧＨＱに代わる統治権威の必要性という課題を吉田内閣に突きつけており、吉田はそのために天皇権威を再編成する政策を採っていく（河西前掲『天皇制と民主主義の昭和史』）。一九四〇年代終盤から五〇年代前半は占領政策の反転＝「逆コース」的な施策が相次ぎ、象徴天皇制に関する吉田内閣の政策もそのように捉えられていく。

その後への懸念

立太子の礼当日の十一月十日に向けて、明仁親王関係の記事はますます増加していた。「戦後の一切の記事を通じて、明らかに最大の記事」と評価される（清水幾太郎「占領下の天皇」『思想』第三四八号、一九五三年）ように、マスメディアを通じて親王の動向・イメージは多数伝えられた。それらの記事のなかには、国民の明仁親王に対する期待・親しみが多数語られている。しかし一方で、「儀式がすんだら皇太子さまはぼくたちより一段と遠いところへいくような気がする」（『朝日新聞』一九五二年十一月八日）という親王と同じ日に生まれた青年の素朴な意見や、「皇室の存在が人間界から遠のきそうな気配」「象徴ということは人形になることではない」「人間らしい人間、喜びや悲しみを私たちと共にする人間になっていただきたい」（『朝日新聞』一九五二年十一月六日）という投書のように、立太子の礼が終わったあと、親しみある明仁親王が国民から届かない存在にされてしまうことを危惧する意識が見られた。

昭和天皇のすぐ下の弟である秩父宮雍仁《やすひと》親王も、「東宮様の在り方についてについても逆コース的な傾向を強いられる様相がかなり現われつつあるような印象を受ける」「東宮様でもややもすると「先例」というようなことが先に立」ち、それでは「人間性が失われて国民にアッピールしなくなって終う」と、吉田首相の方針に対して危惧を表明していた（秩父宮雍仁「東宮様の環境」『改造』第三三巻第一八号、一九五二年）。こうした意識が、あとから述べるような吉田首相の行動を批判する大きなうねりとなった。

マスメディアからの反応

立太子の礼は先に中曽根が求めたように、民間代表百二十四名を含む各界の代表三百名が参列して行われた（『毎日新聞』一九五二年十一月八日）。皇居から東宮御所までのパレードにも約十万人の人々が集まり、その様子は写真つきで新聞に報道されたほか、ＮＨＫラジオでも立太子の礼を祝う特別放送とともに実況中継され、明仁皇太子の様子は広く国民に伝えられた（『ＮＨＫ年鑑』ラジオサービスセンター、一九五四年）。

これらの報道量が示すように、マスメディアの皇太子に対する期待は非常に大きかった。「皇太子さまは将来の天皇に、―日本国の象徴、日本国民の統合になられることが、公式に約束されるわけである。従って、皇太子さまの人柄は、あすの日本には極めて深い影響がある」「若い日本を代表する象徴となっていただきたい」と社説で展開したマスメディアもあった（『毎日新聞』一九五二年一一月十日）。神社界からも、「皇太子さまは、日本国民の希望の象徴」「誰もが、未来の日本の光りとして、希望のシムボルとして、殿下を仰ぎお慕い申し上げている」「皇太子さまを仰いで、日本人が民族的統一を保ってい」かなければならないと主張されていた（『神社新報』一九五二年一一月十日）。これらの意見は、この年に講和独立したこともあって将来的な日本の姿を想定し、その新たな統合の「象徴」として、明仁皇太子の存在を期待していた。

こうした期待はマスメディアだけのものではなかった。国民も明仁皇太子に対して好感を持っており、立太子の礼翌日の一般参賀には二十万人の国民が皇居を訪れ（『朝日新聞』一九五二年十一月十二日）、一五日に皇居前広場で行われた奉祝都民大会には約七万人が参列して、皇太子が象徴天皇制の主役として登場してくる姿を歓迎した（坂本孝治郎『象徴天皇制へのパフォーマンス』山川出版社、一九八九年／原武史『皇居前広場』光文社新書、二〇〇三年）。

「何よりもまず人間として」

一連の行事を終えたあとの皇太子への期待は継続して非常に高かった。「僕はもはやあなたやあなたの父上をあがめたり、したったりする世代には属していない。僕はただ同じ世代の人間としてあなたに親しみを感じます」「あなたが何よりもまず人間として生きてゆかれることを心からお祈りいたします」という意見（『婦人公論』一九五二年十二月号、谷川俊太郎意見）に表れているように、「逆コース」的な方向に対して危惧を持ちつつも、よりいっそうの皇太子への親しみの感情を有した人々もいた。また、「新しい民主的な教育をお受けになった人間としての殿下」を「すぐれた魅力ある男性の象徴として、世界に誇りたいのである。しかし、あくまでも血の通った殿下であってほしいのです」という意見（同前、佐藤圭子意見）のように、「人間的な」皇太子を誇りたいという意識をもった人々もいたのである。

憲法学者佐藤功は、のちにこの立太子礼について、「若くしてスマートなプリンスの姿の中に、何となく日本の将来の希望があるように思われて、敗戦と占領と社会的・経済的な困難とにいやでも応でも打ちひしがれ、また、今後もまたなみならぬ苦難の道を歩まねばならぬということを知っているわが国の人々が、何となく明るい希望をそこに見出したかのように感じた」と総括している（佐藤功「イギリスの王室と日本の皇室」『時の法令』第九二号、一九五三年）。また、「その一挙手一投足は新生日本の歩みをシンボライズする」（『中部日本新聞』一九五三年一月一日）と評価するマスメディアもあった。皇太子は敗戦の記憶を消しさる「新生日本」の象徴として扱われたのである。

こうした動きも、国家的行事にしたことによる「上から」の働きかけだけではここまで成功しなかった。国民による皇太子への漠然とした親しみの感情を吉田首相や宮内庁はうまくとらえ、そうした感情を強化することに成功したのである。そういった意味で、国民的な基盤の上に成立した明仁皇太子人気だったといえる。

吉田路線への反発

ただし、吉田の施策はすべてがうまくいったわけではなかった。そのひとつは、吉田首相が立太子の礼の寿詞を非常に難解な言葉で述べ、「臣茂」と結んだことに対する反発であった。それは、「お祝いの言葉としてはあまりにむつかしく、国民の心持とは凡《およ》そ縁遠いものだった」「「臣・茂」式の逆コース調」「いわゆる〝重臣〟意識をもって、皇室と国民との間に隔てのかきねを築き、象徴を雲の上に奉」っている（『朝日新聞』一九五二年十一月十一日）と批判を浴びることになる。国民からも「時代が幾世紀か逆もどりしたような錯覚に襲われた」「天皇は、国民統合の象徴としてわれわれの身近かに一個の人間として存在しているはずである」「再び菊のカーテンを閉ざすようなことは御免だ」との批判が寄せられていた（『朝日新聞』一九五二年十一月十四日）。戦前に比べて天皇との距離が近くなったことで親しみを感じていた国民は、吉田首相の祝辞は、再びその距離を遠くしてしまうものだとして反発したのである。

また立太子の礼当日の座談会のなかでも、ある女子大学生が「日本ではまだまだ上べだけのもので、むしろ緊張し過ぎたり有難がって他人行儀になっている。もっと親しめる皇太子殿下であっていただきたい」と述べる（『毎日新聞』一九五二年十一月十日）ように、皇太子がどこか遠いところへ祭り上げられるのではないかという危惧が国民の中に存在していた。そこへ吉田首相がまったくその通りの行動をとったために、国民が抱いていた親しみある象徴天皇制に適合的でない吉田首相の行動に対し、反発したのである。その点で、国民は象徴天皇制を自ら求め、その概念を形成しようとしつつあったといえる。

すでに立太子の礼前から、一連の儀式が皇太子と国民との距離を広げてしまうのではないかとの危惧があったことは前述した。そのため、皇太子が立憲君主制の見本をイギリスなどの実地で学んで旧習を打破し、象徴天皇制にふさわしい国民と天皇との関係を構築する土台とすべきだとして、皇太子の外遊への期待はマスメディアや国民のなかに醸成されていく。

中曽根康弘も「日本が独立したあと、皇太子が見聞を広めるために、世界を周遊なさるということも、大事なこと」（衆議院予算第一分科会一九五二年二月二十二日）と、講和独立と皇太子の外遊とを関係づけた。それ以前から、学習院高等科卒業後の留学や外遊の可能性も報道されている（『朝日新聞』一九五一年一月一日）。このように明仁皇太子は、青年としての登場と同時に日本の国家の再出発（「新生日本」）とリンクさせられ、彼自身の知識を養うための外遊が期待されていく。

初の外遊が決定

立太子の礼終了後も皇太子への期待は続いた。その大きな要因は、エリザベス英女王の戴冠式への皇太子の出席が立太子の礼前日に発表されたからである。

イギリスからの派遣招請は一九五二年（昭和二十七）九月八日にあり、二十六日には宮内庁・外務省間で皇太子派遣を前提とした外遊の調整が行われた。この時点で皇太子派遣は発表されてもいい状態にあった。しかし報道は十一月初めになされた（『毎日新聞』一九五二年十一月三日夕刊）。日本側はより大きな報道効果を狙うため、発表を十一月の立太子の礼直前にしたと思われる。

その結果、発表翌日の『朝日新聞』一面は、「皇太子殿下を御差遣・英国女王の戴冠式に」、「あす立太子の礼」という二つの記事で独占することになる（『朝日新聞』一九五二年十一月九日）。立太子の礼直前の効果的な発表は、日本の再出発（「新生日本」）を国際社会に示すための役割を新たに登場してきた皇太子に負ってもらいたいとの意識に繋がった。

そして皇太子をナショナルシンボルとして見、国際社会にアピールしたいとする意見も出た。

このような期待のなかで迎えた外遊では、「明朗にして素直な、そして若竹のように若々しい」皇太子像はより深化した。皇太子像が「日本に対する不幸な記憶を打ち消し」、「清新な日本を印象づけ」ようとする「新生日本」と結びついていく。外遊は独立後の「日本が敗戦からようやく立ちあがり、その動向が世界の注視をあびている」時期に行われた。皇太子が国際社会の注目を浴びる戴冠式に出席することは、「多少の誤解なども消え去るであろうし、民主日本に信頼を呼び寄せて自然にこれら諸国とわが国との国交に大きく貢献することにもなる」。こうして過去とは生まれ変わった国家像を示すため、皇太子への期待が大きくなっていった(『朝日新聞』一九五三年三月三十日、『中部日本新聞』一九五三年三月三十日)。外遊中の皇太子は自らのイメージを見せることで、新たな国家像をアピールするという役目を背負っていたのである。

そして皇太子は、イギリスを含む欧米十四カ国の外遊を実施することになった(河西前掲『天皇制と民主主義の昭和史』/佐道明広「「皇室外交」に見る皇室と政治」『年報近代日本研究』二十、一九九八年/波多野勝『明仁皇太子エリザベス女王戴冠式列席記』草思社、二〇一二年)。

「公事」――公的行為の原型

日本国憲法には天皇・皇族の外遊について規定した条文はなく、宮内庁と外務省の調整のなかで「事実上の国務とする」ことが決定された（外務省外交史料館蔵「皇太子継宮明仁親王殿下御外遊一件」）。新憲法施行後にすでに行われている親電交換や国会開院式への出席が、「天皇個人という立場でなく、公の立場でなされることと考えまして、そういった公の立場でなさいます一つの事実上の行為」というものが存在し、今回の外遊も「一国の象徴としての行為」であると考えたのである。宮内庁・政府はそれまでなしくずし的に行われてきた、憲法には明記されていないが天皇のまったく私的な行為ともいえない「事実上の行為」、つまり「国事行為以外の天皇の儀礼的行為」をこの外遊の法的根拠とすることで追認しようとした（衆議院外務委員会一九五三年二月十八日）。憲法の国事行為規定以外に天皇には公的な行為が存在することを、宮内庁・政府が明確化したといえる。

こうして「事実上の国事―公事」概念（前掲「皇太子継宮明仁親王殿下御外遊一件」）が成立した。これがその後、現在も存在する国事行為でもなく私的行為でもない中間的な行為である「公的行為」の原型となった。「公事」によって外遊を皇室のまったくの私的な交際とはせず、公的な意味づけをもたせることができたのである。また憲法に規定された国家機関としての天皇の国事行為としなかったことで、外遊が国家を代表する「元首」間の交際の意味をもちつつも、それが憲法の規定に反するか否かの厳格な判断は回避され、解釈の多様性が保たれた。「公事」は国事・私事のはざまにあり、それゆえにあいまいさを含み込んでいたのである。しかしその概念のあいまいさは疑問を生じさせないわけがない。自由党の中山マサは次のように述べている。

私としてはこれを国事にしてほしい、いわゆる国家の象徴で、おありになる皇室と、英国の皇室との御交際と見るよりも、むしろ独立した日本といたしましては、大いに国事としてお祝い申し上げたい（衆議院外務委員会一九五三年二月一四日）。

中山は、清新なイメージをもつ皇太子だからこそ独立した日本を背負い、国際社会に「新生日本」をアピールすることができると考え、その効果を充分に発揮されるように国家を代表しての職務・行為にしようとしたのである。中山は、宮内庁・政府の解釈よりも国家間の交際としての側面をより強調した。こうした考えは中山だけのものではなかった。岡崎勝男外相も「私の気持としては中山さんと同じように国事として取り扱いたい」と、意識としては外遊を大々的な国事にしたい本音を漏らしていた。

西ドイツ訪問問題

初の外遊でヨーロッパ諸国を訪問した皇太子だが、計画当初、西ドイツは占領下にあり訪問の予定はなかった（『朝日新聞』一九五二年十二月十六日夕刊）。それに対して異議を唱えたのが外務省の法眼晋作欧米局第四課長である。法眼は、現在の西ドイツは「昔日のドイツにあらずして西欧諸国と協力する確固たる意思を有し」ているから、「自由国家の一員として進んで日本からヂェスチュアーを示すことは決してその意義少しとしない」、つまり皇太子の西ドイツ訪問は「国家の大局上」必要だと述べる（前掲「皇太子継宮明仁親王殿下御外遊一件」）。日本が西側世界の一員として国際社会に復帰したことを十二分に示したい外務官僚の思惑が見てとれるだろう。皇太子外遊はそれをアピールするためのツールたり得る、だからこそ同じ西側世界の一員である西ドイツを訪問をしないのはおかしいという論理展開であった。

ソ連を対象とする防共連けいはこれを否認する理由なきのみならず、将来ソ連の侵略を防止する観点からいえば、ソ連の西方国境に対する不断の圧力を必要とすることは自明の理であって、ここに将来の日独協力が意義を存する……殿下が西独のみを御訪せらせられぬことは、将来の対独政策に暗影を残す（同前）。

法眼は対共産主義対策として東西国境を挟み込む形での日独関係を想定していた。この法眼の意見に対して島重信参事官は「観念的には完全独立を達成していない国を御訪問になるのは如何か」としながらも、「日独間の関係においてはご訪問された方が好結果」と回答し、この外遊に冷戦構造を前提とした今後の国家関係構築という意図を込めた。その後、西ドイツからの働きかけもあり、結局は翌年二月に訪問が決定する。

皇太子の西ドイツ訪問の結果は、随員の松井明が「官民を問わず日本人に対して親愛感が強く、殊に今次大戦に依《よ》り共に傷ついた国民であるとの共感が言外に表現せられ両国とも幾多の困難を克服して立ち上らうとしている同じプライドを持つている態度が随所に於て感じられた」と報告しているように、他国以上の歓迎だった（同前）。

一九二一年（大正十）の裕仁皇太子外遊時、第一次世界大戦の敗戦国であったドイツを訪問しなかったため、明仁皇太子訪問に対する日独両国の期待は大きかった。マスメディアも皇太子の西ドイツ訪問を歓迎していたと思われる。例えば『毎日新聞』が皇太子と各国首脳の会見の模様を写真つきで一面に掲載したのは、アメリカ、イギリス、そして西ドイツの三カ国のみである（『毎日新聞』一九五三年八月八日）。西ドイツの大歓迎を記者が目の当たりにしていたとはいえ、写真つきで、しかも一面というのは他国に比べ破格の扱いであり、マスメディアのなかでも西ドイツがアメリカとイギリスに次ぐ注目を浴び、その訪問効果を高く期待していたことがうかがえる。

このように皇太子外遊は一面において、冷戦構造の構築に影響された国際社会への日本の復帰アピール（とくに西側への）、今後の友好関係構築の土台、対共産主義対策という政治的な側面が期待されていた。

昭和天皇イメージの変化を促す

この外遊では、昭和天皇の皇太子時代の外遊との関係が盛んに強調された。

父君陛下も、ちょうど皇太子様の御年頃の大正十年に、ヨーロッパ各国を訪問された……天皇は旅行から非常に民主的な影響をお受けになったのである。しかし、残念なことには、当時の日本の情勢が天皇のお考えをそのまま表明されることを許さなかった。皇太子様は、それがおできになる立場にある（『毎日新聞』一九五三年三月三十日）。

このように明仁皇太子の外遊の話題から、天皇はもともと民主主義の信奉者であったというイメージまでもが展開されるようになった。社会状況が天皇の民主的な態度を阻んだから戦争に突入してしまったという思考は、天皇の戦争責任を回避することに繋がった。外遊と天皇との関係でもう一点強調されたのは、皇太子の様子を心配する天皇の父親ぶりである。準備段階から「可愛い子を「遠足」に出してやる親御さんの場合と、少しも変らぬ」と、自らの外遊体験を語りかけて皇太子の手助けをしようとする父親としての天皇像が盛んに報道された（『朝日新聞』一九五三年一月一日）。たしかに、「昭和天皇実録」にも自らの外遊時に使用した化粧箱を皇太子に渡したり、自分の体験を聞かせるなど、父親として子どもを心配する天皇の行動は記述されている（「昭和天皇実録」一九五三年三月十五日・二十八日条）。マスメディアの報道の通りであった。また、皇太子外遊中に天皇は誕生日を迎えているが、その記事も「陛下のお楽しみは何といっても皇太子さまの御成長」「皇太子さまの御外遊については、陛下自身がかつて同じ経験をされているので、何かと細かい親心を示されている」（『朝日新聞』一九五三年四月二十八日夕刊）と、旅先の我が子を心配する父親像が描かれる。まさに「世間の親と同じ」（『毎日新聞』一九五三年十月十一日）イメージで天皇が捉えられていた。

このように外遊では皇太子を媒介として、我が子を心配するやさしい父親としての天皇像が形成されていった。民主主義者・理想の父親としての新たな象徴天皇像が、この皇太子外遊を通すことで創り出された。皇太子によって、天皇のイメージが変化する。これは、象徴天皇制の主役が天皇ではなく皇太子になったことを示しているだろう。

政府・宮内庁・マスメディアの一体化

一九五三年（昭和二十八）二月一日に本放送を開始したテレビでは、外遊出発時、皇居前から横浜港までの道筋の中継を行い、天皇・皇后もその中継を見ていた（「昭和天皇実録」一九五三年三月三十日条）。ラジオも特別番組を編成し、横浜港まで実況中継を行っている。その合間に札幌・名古屋・大阪など全国八カ所から、皇室関係者により皇太子歓送メッセージ中継を含めて二時間四十分間、歓送ムードをリアルタイムで演出された。NHKではこうした大規模な多元中継は例がなく、国民に対して「終始一貫した歓送に対する関心を高め、最後に最高潮に達した」「光景まで連続していけ」るような意図を持って放送を行った（『NHK年鑑』ラジオサービスセンター、一九五五年）。

番組の構成や演出によって皇太子への「関心を高め」させるような狙いがあり、情報をそのまま流すのではなく、それを操作して国民の感情を一定方向へ向けさせようとする意図が存在していた。マスメディアはそうした意図をもって、自らの期待する皇太子像を創り出していったのである。

宮内庁・外務省は皇太子の動向を伝える「報道の重要性を鑑み」、「政治的に言うならば外務省が抑えると云うことは極めてマズイ」と認識し、規制をかけることによって皇太子と象徴天皇制を国民から遠ざけているとの批判（＝逆コース）が出ることを回避するため、マスメディアへ協力する姿勢を見せた。そこで記者の随行について、「新聞通信社の良識に訴えて自発的に人数を削減する」よう各社に要望した（前掲「皇太子継宮明仁親王殿下御外遊一件」）。このように、マスメディアの自主規制をうながす戦略を取ったといえる。

では宮内庁・外務省は、各社の判断に任せてあとは自由に報道させようとしたかというとそうでもない。記者による皇太子への直接取材を禁止し、会見もあらかじめ用意された文章を読み上げて質問は受け付けない方針を打ち出した。随行員らがプレス係となり、取材はその係に対してのみ許可した（前掲「皇太子継宮明仁親王殿下御外遊一件」）。情報源を制限することでマスメディアをある程度コントロールしようとしたのである。マスメディアに何を伝えるのか、そこには随行員の意思が介在しており、外遊中の清新で親しみやすい皇太子像も彼らによって取捨選択された情報によって形成されたのである。マスメディア自身もこうした方針を受け入れて報道していったことから考えれば、皇太子像は宮内庁・政府、そしてマスメディアによって創り出されたものといえるかもしれない。

国外マスメディアへの対策

国外マスメディアに対しては、対日感情を考慮してより慎重な対策が採られた。例えば、イギリスのニューキャッスル市では、元捕虜連合会が中心となって皇太子訪英反対の運動が展開されていた。皇太子自身もイギリスで一部に反日感情が存在していたことは承知していたようである（『毎日新聞』一九五三年六月一日など）。アジア・太平洋戦争の交戦国であったオランダでは、人々の様子が「何か重苦しい」と報じられるように、皇太子は実際にオランダ国民から冷たい対応を受けた（『朝日新聞』一九五三年八月五日）。つまりこの外遊は皇太子にとっては、戦争の記憶がいまだヨーロッパでは消え去っていないことを認識する結果となった。日本国内の「新生日本」イメージでの歓迎とは異なる側面を経験したのである。

事前にこうした状況が予測されたため、イギリスでは松本俊一大使が中心となって「タイムス、ガーディアンの主筆欄に久しきに恆《ママ》り地味に我方の誠意を説明し」ていた。これに応えてイギリス政府も、本来ならば女王も首相も会見の予定を当日でなければ発表しない慣例があるにもかかわらず、皇太子のイギリス到着とともにその予定を発表し、日本を重要視して皇太子を特別待遇に処している姿勢を国内外に見せた（前掲「皇太子継宮明仁親王殿下御外遊一件」）。また、チャーチル首相主催の昼食会にマスメディア幹部や野党党首を招待して、対日強硬世論緩和を試みている。イギリスがそのような対応を取ったのは、日英皇室王室の交流という側面もあったかもしれないが、冷戦下において同じ西側諸国の一員として日本を処遇する意味もあった。

しかしそうした首脳の対応だけで反日感情がまったくなくなったわけではなかったことは、前述した国民からの対応でわかる。国民感情を考慮に入れるならば、日本の戦争責任の問題に触れざるを得ない状況にあったが、今さら戦争の問題を追及することは今後の友好関係に影響を残すことになる。そこでチャーチルは両国親善の必要性について言及し、戦争の記憶は残るが直接関係ない皇太子は未来志向にふさわしい存在だから歓迎すべきだとの論理を展開した（三谷隆信『回顧録』中公文庫、一九九九年）。その結果、『マンチェスターガーディアン』は、皇太子は「過去に起きたこととはほとんど関係ない」存在であると述べて戦争の記憶から切り離し、訪英の目的は「西洋民主主義において立憲君主制がどのようなものであるか観察する」ことだから、「未来の日本の代表として歓迎」すべきと好意的な社説を掲載する（『The Manchester Guardian』一九五三年四月二八日）ほど、イギリス国内のマスメディアの態度は好転した。

アメリカの戦略

イギリスだけではなくアメリカでも、大使館の働きかけにより国務省がマスメディア対策に乗り出す。それを受けてアメリカのマスメディアも皇太子の若さを全面に押し出し、その訪問を好意的に報道した（前掲「皇太子継宮明仁親王殿下御外遊一件」）。国外マスメディアにおいても皇太子は清新なイメージで登場し、独立した日本との未来志向を各国が強調するための一役を担うのである。

国務省は三名の係官を派遣してアメリカ国内を旅する皇太子一行に随行させ、マスメディア対策や警備などの任務に充てた。ジョン・ダレス国務長官はニューヨークまで出向いて皇太子を歓迎し、二度も夕食会に出席するなど、皇太子を特別扱いしていることがわかる。この夕食会のなかでダレスは、「全太平洋地域を包含する単一の共同防衛体制結成を希望する空気が各国に起こってくることを希望」し、そのときは「日本がその中で大きな役割を果たすものと信じる」と発言した（『中部日本新聞』一九五三年九月十八日）。ダレスは日本が防衛力をもち、太平洋の安全保障における指導的立場に立つことを皇太子歓迎会の場で要求したのである。

これはダレスのみならず、ドワイト・アイゼンハワー大統領も同様であった。アイゼンハワーも皇太子との会見の場で、防衛問題について触れていた（前掲「皇太子継宮明仁親王殿下御外遊一件」）。冷戦が日本の戦略的地位を高めたため、アメリカは皇太子の歓迎の場でそうした安全保障問題に触れ、日本に要求したのである。

つまり、イギリスやアメリカの皇太子への配慮は、冷戦を背景とした日本の戦略的地位向上の関係上、自国の対日強硬世論を緩和し、日本を西側の一員とするための戦略の一環であったといえるだろう。その政治的意図は大きかった。

創り出された皇太子像

マスメディアは少ない皇太子との接触のなかで、従来の皇太子像をより補強するような記事を量産していった。なかでも『毎日新聞』が積極的であったのは、随行した藤樫《とがし》準二の影響が大きい。この老齢な記者は、「目覚しい御成長ぶり」と書くなどまるで孫を見るかのような視線で皇太子の動向を報じた（『毎日新聞』一九五三年五月十一日など）。こうした視線によって若くて親しみやすいイメージを創り出す一方、各国で公式行事をこなす皇太子を描き出すことで日本の「若きプリンス」、将来の天皇としての落ち着きや態度を兼ね備えているイメージも付加していった。多くのマスメディアが藤樫のように好意的な皇太子像を報道していく。

マスメディアの意思によってイメージが創り出された。その過程は、皇太子出発日の記事が顕著である。当日の横浜出航は午後四時であったから、それから記事を書いていては夕刊に間に合わない。そのために『朝日新聞』では前日に原稿を完成させていた。その事情について記者の深代淳郎は次のように書いている。

直接に皇太子を送ることの出来た人は、全国民の一パーセントにも足りない。他の人々は、ただ新聞を見て、その健康を祈り、又、波止場の興奮をその記事から推測する。しかも、皮肉なことには、皇太子の健康そうな様子も、波止場の歓送のるつぼも、皆、数人の記者の想像力の所産なのである。何千万人の人々は、この想像力が作り上げた記事から再び想像するのである（深代惇郎『深代惇郎の青春日記』朝日新聞社、一九七八年）。

このようにマスメディアはその報道内容を自らの意思に合致する形で創り出した。マスメディアは政府・宮内庁に規制を加えられたにもかかわらず、その枠のなかで自らの期待する清新な皇太子像、それを歓迎する理想的な国民像を創り出していく。その意味で、マスメディアは宮内庁と共同歩調をとって象徴天皇像を創り上げていくひとつの権力としての作用を担っていたと言えるだろう。

外遊は日本の国際復帰を内外にアピールする機会になり、訪問国も皇太子を新しく転換しようとする「新生日本」の表象として歓迎した。この外遊では、「新生日本」の新たなアイデンティティーを皇太子自身が世界にアピールすることを、各方面から過剰なほどに期待された。皇太子の清新なイメージと新たに再出発する国家のイメージが重なって、独立にともなうナショナリズムの高揚とともに皇太子の存在意義や役割も浮上していたのである。こうした皇太子像が宮内庁・政府、マスメディアの共同歩調によって創り出され浸透していた。立太子の礼そして皇太子外遊は、象徴天皇制の主役が皇太子へと変化していくことを内外にアピールする機会となったのである。

第二章　ミッチー・ブームとその後

「ご成婚」への評価

明仁天皇・美智子皇后の「ご成婚」から五〇年目にあたった二〇〇九年（平成二十）、マスメディアではこの話題が盛んに取り上げられた。『朝日新聞』は四月九日の社説のなかで、「ご成婚」とそれ以後の展開を次のように評価している。

天皇は新憲法で日本国と国民統合の「象徴」と位置づけられた。しかし実際に、新たな皇室像をつくり、国民の心をつかんでいったのは、昭和天皇を支えたお二人〔明仁天皇・美智子皇后〕だった。

「大衆天皇制」。政治学者の松下圭一氏は、このころ一気に盛り上がった皇室への関心をこう評した。

テニスコートでの出会いと民間からの皇室入りは、新しい時代の象徴だった。テレビ局の開局や週刊誌の創刊ラッシュというメディアの隆盛も重なり、ミッチーブームという言葉も生まれた。

この「ご成婚」を機にブームが起こり、新しい皇室像が形成されたという評価は、『朝日新聞』にかぎらず、このときどの新聞でもなされており、それが国民のなかで定着した事柄であることを物語っている。美智子皇太子妃の誕生は、後の象徴天皇制を決定づける重要な出来事であった。では、なぜ後の方向性を規定するような皇太子妃の選択がなされたのだろうか。本章では、美智子妃誕生までの経緯、そしてその後の国民の反応を見ることで、ミッチー・ブームの意味について考えてみたい。

敗戦後、次第に明仁皇太子の存在が浮上し、皇太子のイメージが象徴天皇制の内実として転化されてきたことは前章でも述べてきた。しかし同時期、女性皇族への関心が高まる現象も起きていた。また、皇太子への期待感もその後持続せず、皇太子妃候補を報道することでしか象徴天皇制への期待を膨らませることができなくなる。一九五八(昭和三十三)年からのミッチー・ブームはたしかに正田美智子という人物のパーソナリティーやイメージ、そして彼女が「平民」であったことが重要な要素として起きたものではあったが、そこには日本国憲法下の象徴天皇制におけるジェンダーの問題も存在していた。

先例としての孝宮の結婚

近代において皇女は基本的には皇族と結婚する慣例にあった。しかし一九四七（昭和二十二）年の皇族離脱や華族の廃止にともなって、敗戦後には昭和天皇の皇女を誰と結婚させるのかという問題が浮上してくる。日本国憲法が施行されたことを契機にして、「皇族、元皇族、旧華族でもない一市民が花婿に選ばれる場合」が想定されたため、次女である孝宮和子内親王の結婚への関心がマスメディアを中心に高まった（『読売新聞』一九四九年一月七日）。これと前後して、孝宮が掃除などの家事に取り組むといった国民と変わらない生活を送っていることを強調する記事が量産された（森暢平「昭和20年代における内親王の結婚」『成城文藝』第二二九号、二〇一四年）。そして十一月二十三日、孝宮の相手として東本願寺法主の長男大谷光紹が内定したとの報道がなされる（『読売新聞』一九四九年一一月二三日）。この記事では、孝宮が「主婦勉強に磨き」をかけていることが強調されており、結婚のために主婦としての素養を身につけようとしている孝宮は一般の女性と同じようであって、それまでの女性皇族とは変化したとの印象を与えることとなった（藤樫準二『千代田城』光文社、一九五八年）。

しかしこの大谷内定説は立ち消えとなった。そしてその後、鷹司平通が孝宮の婚約者として内定する（『朝日新聞』一九五〇年一月二十七日など）。結婚相手は宮内庁内部の会議で決められており、いわゆる「恋愛結婚」ではなかった。「周囲の事情から、ご自身で〝良人〟を選択する機会はめぐまれない」（『朝日新聞』一九四九年十二月九日）とはっきり公表されていたが、事前に二人を会わせたり婚約中の交際ぶりが報道される（『朝日新聞』一九五〇年一月二十七日／『読売新聞』一九五〇年三月四日）など、敗戦前の皇女の結婚とは変化を見せたことがアピールされ、こうした状態は「極めて自然だ」と評された（『週刊朝日』一九五〇年三月二十六日号）。鷹司は元五摂家とはいえ平通は交通公社に勤めるサラリーマンであったため、皇女が民間に入って生活することへの期待は高まり、「平民」「民間」への「降嫁」であることが強調された（森前掲「昭和20年代における内親王の結婚」）。

孝宮結婚報道は結婚式後も継続する。翌日には鷹司夫妻の記者会見が行われ、生の声が新聞紙上に掲載された（『朝日新聞』一九五〇年五月二十二日など）。鷹司和子の「新妻ぶり」も報道される（『読売新聞』一九五〇年五月二十三日）など、国民と同じ目線で生活する元皇女の姿が描き出された。このときの報道の様子については、近代史上はじめて「平民」に嫁いだ天皇の娘に対して関心が高まり、国民と天皇との距離感を縮めたと感じさせる存在となった一方で、彼女らはマスメディアの興味の対象として扱われることになった。

さらに過熱する順宮の結婚

翌一九五一（昭和二十六）年には三女順宮厚子の婚約が発表された（『朝日新聞』一九五一年七月十一日など）。相手は旧岡山藩主家・元侯爵家の長男池田隆政であった。順宮の結婚は前年の十一月からすでに準備が始まっており（加藤恭子『田島道治』TBSブリタニカ、二〇〇二年）、香淳皇后はそのとき候補として池田家ではなく自らの実家である久邇家を挙げていた。これに対して入江相政侍従は「近親結婚の非なる所以をよく皇后様に申し上げていない」（『入江相政日記』〈第一巻〜第六巻、一九九〇〜九一年、朝日新聞社〉一九五〇年十二月十五日条）と、旧来の形のなかで結婚を進めようとする皇后に対して、象徴天皇制という新たな枠組みのなかで皇女の結婚を実行したい宮内庁側の困惑している様子を日記に記している。

その後の宮内庁内での協議の結果、一月に「池田、両徳川、松平、鍋島が最後に残り、結局池田といふことで少し深く進めて見ようといふことに」なった（『入江相政日記』一九五一年一月八日条）。旧大名家の元華族が最終的な候補となっており、旧摂関家と結婚した孝宮よりもその選考範囲は広がっている。順宮の旅行のついでに岡山で池田と会わせ（『週刊読売』一九五二年十月二十六日号）、順宮の意思を確認して婚約となった。こうした手続きを経たためか、孝宮のときと比べて順宮自身が池田との結婚に前向きであったかのような報道がなされた（『中部日本新聞』一九五一年七月十一日など）。のちに明仁皇太子と正田美智子が「恋愛結婚」であると語られる前に、すでに順宮の結婚の段階がそのような意味合いで語られていたのである。

マスメディアは孝宮の結婚のとき以上に、順宮の結婚までの様子を取り上げた。そのためか、順宮の結婚時には沿道に多くの国民が集まり、同日に結婚式をあげる人々による「結婚ラッシュ」が起こった（前掲『週刊読売』一九五二年十月二十六日号）。こうした様子は「自分たちと同席にすわられる人間内親王に対する親近感からではなかったろうか」と評され、池田厚子は国民と象徴天皇制とを繋ぎ合わせる親しみやすい人物としてマスメディアにその後も登場することになる（『読売新聞』一九五三年一月一日）。

このように、女性皇族らは象徴天皇制が国民に近づいたことを実感させる存在となっていた。実際に自分たちと同じ身分へとなった彼女らに対する興味関心は高まった。彼女らは皇族内の女性の存在を身近にした。だからこそ、マスメディアも彼女らの結婚を積極的に取り上げたといえる。宮内庁でもそうした雰囲気を察知し、結婚相手の選定などで積極的に民主化をアピールする方策を採っていった。こうした経験がミッチー・ブームの前提に存在していたのである。

皇太子妃候補報道のはじまり

明仁親王は青年としての登場とともに、結婚問題についても関心をもたれていく。その結婚に関する報道の端緒は一九五一(昭和二十六)年七月二十九日の『朝日新聞』と『読売新聞』である(『朝日新聞』一九五一年七月二十九日/『読売新聞』一九五一年七月二十九日)。これらの記事は、その年に明仁親王は十八歳の成年に達するので、先例にしたがって宮内庁が内々に結婚準備を始めたとするものである。記事では、まず北白川家や久邇家などの元皇族から皇太子妃候補を選考し、その後、元華族などを候補とすると述べられているが、一方で「恋愛の場合も考慮されるなど、人間皇太子さまの御意思を十分に尊重する」との言及もある。恋愛が新しい皇太子像に適合的だと捉えられたからであろう。

『読売新聞』はその日の夕刊で、具体的な候補として伏見章子、久邇通子・英子・典子、朝香富久子、北白川肇子などの元皇族を挙げ、彼女らの簡単なプロフィールとインタビュー・写真を掲載した（『読売新聞』一九五一年七月二十九日夕刊）。これ以後、北白川肇子や伏見章子は最後まで皇太子妃候補として報道されることになる。しかしこうした報道は宮内庁で検討されていた人物をスクープしたものではなく、皇太子妃となるのは元皇族であるとの推測のもと、そのうち皇太子と同年か年下の娘を候補として挙げたものにすぎなかった。孝宮・順宮の結婚相手はそれまでとは異なっていたが、しかし元華族と想定される範囲内であったため、皇太子の結婚もそうした前例にそった形で決定されると思われたのだろう。

なぜこの時期にマスコミは皇太子妃報道をしたのだろうか。第一に、記事中にもあるように明仁親王が成年に達する年齢であったことが大きい。昭和天皇の前例（一九一八〈大正七〉年の満十八歳のときに婚約）を考えると、準備が開始なされていてもおかしくはないとの認識がマスメディアのなかにあった。第二に、宮内庁の反応である。『読売新聞』の皇室記者であった小野昇が黒木従達東宮侍従にこの問題についてインタビューしたところ、黒木が答えに窮したため、小野は皇太子妃選考が始まっていると推測した（塩田潮『昭和をつくった明治人』上、文藝春秋、一九九五年）。また同時期に、田島道治宮内庁長官が「冗談まじりで」皇太子妃候補について頭のなかにあると記者に発言したこともあった（『サンデー毎日』一九五三年八月二三日号）。これらの反応を見、記者らは取材を開始したのである。第三に、講和独立を控え、日本国内に「挙国慶祝」を求める雰囲気があったからではないだろうか（『中部日本新聞』一九五一年七月二十九日）。マスメディアはそれを察知して、皇太子妃選考報道をスタートさせていく。

週刊誌創刊ラッシュという追い風

宮内庁はこれらの記事を否定したが、内部ではすでに皇太子妃選考について話が出はじめていた。田島宮内庁長官の日記には、一九五〇（昭和二十五）年五月六日に「東宮妃ノコト　character noble friendly」（加藤前掲『田島道治』）とあって、皇太子妃の性格が話題となっていた。九月二日にも「小泉氏ニ Vining 後任ノコト　東宮妃サガスコト」との記述がある。入江も七月に小泉信三や黒木らとともに皇太子の結婚について話し合っており（『入江相政日記』一九五一年七月十六日条）、宮内庁では皇太子妃選考が話題になりつつあった。皇太子の家庭教師であったヴァイニングは、このころに皇太子の結婚問題についての相談を田島らから受け、家柄よりも人柄を第一とすることが彼らのなかで決定されたと回想している（ヴァイニング前掲『皇太子の窓』）。

これらのことから、この時期から宮内庁でも皇太子妃選考に関する意識は高まったものと推測できるだろう。報道された翌一九五二年一月七日には宮内庁で「皇太子様妃殿下ノ範囲打合第一回」が開催され（『加藤前掲『田島道治』）、この時点から選考は本格化しはじめた。

立太子の礼・外遊と皇太子報道が高まりを見せるなかで、皇太子妃候補についても多数の報道がなされるようになる（例えば、『週刊朝日』一九五二年十月二十六日号／『週刊サンケイ』一九五三年一月十一日号／前掲『サンデー毎日』一九五三年八月二十三日号など）。評論家の大宅壮一が「皇太子妃がクイズの対象として興味の中心になっている」（『東京新聞』一九五三年七月一日）と評したように、皇太子妃はマスメディアや国民の興味の対象として報道されていく。孝宮・順宮の結婚報道や皇太子への興味関心を経て、皇室に対する報道は次第に消費化の対象となっていった。

このころになると、皇太子妃候補は旧皇族だけではなく、島津純子や徳川文子ら旧華族の十四名も名前を挙げられるようになる。こうした皇太子妃候補記事は新聞社系の週刊誌が多数掲載していた。新聞では年頭の皇室紹介記事や年末の皇太子の誕生日の記事のなかで、ごく簡単に皇太子妃の問題が触れられることが多かったが、新聞社は自社の週刊誌を使って皇太子妃候補報道を積極的に展開していた。新聞社は新聞と自社週刊誌を使い分け、週刊誌で報道を過熱化させていた。背景には、朝日・毎日をのぞく新聞社による週刊誌創刊ラッシュがあった。

また、婚約時期についても『朝日新聞』や『読売新聞』は一九五四年から五六年までのどこかになると報じ、皇太子妃選考は長びかず、早めに決まるものと考えていた。一方、『毎日新聞』はほとんどこの問題については触れていなかった（大野裕子「新聞報道からみるミッチー・ブーム」『岡田山論集』第一七号、二〇一五年）。

一九五四年九月には『週刊サンケイ』が「皇太子妃、ご内定か」との特集記事を組み、北白川肇子と島津純子を有力な皇太子妃候補として取り上げている（『週刊サンケイ』一九五四年九月二十六日号）。この記事では彼女ら二人の家族構成・家系、身長、性格、小学校時代の成績などが事細かに紹介されている。のちに正田美智子に正式決定したときも同じ報道がされており、その前提ともいえる記事である。この記事にも見られるように、一九五四から五六年の報道では皇太子妃が内定した、皇太子妃は今年こそ決まるといった記事が多数見られるようになる（例えば、『サンデー毎日』一九五五年一月二日号・一九五六年一月二十九日号／『週刊サンケイ』一九五六年三月十一日号／『週刊東京』一九五六年十二月二十九日号）。しかし実際には進展しなかったために、次第に記事からもあきらめムードが漂うとともに、新たな情報もなくなり、皇太子妃報道は手詰まり状態に陥った。

『孤獨の人』

こうした皇太子妃候補報道が進展する中で、皇太子自身への期待感やマスメディアの関心が次第に薄れていく。皇太子妃候補者に関する情報や宮内庁内部での選考状況などが書かれたほとんどの記事で、皇太子自身に関する情報は年を経るごとに減少し、皇太子への関心は立太子の礼や外遊時に比べ退いてしまった。清新な皇太子のイメージが象徴天皇制をひっぱるという状態は、この時期には見られなくなったといってよいだろう。

これを象徴する出来事として、一九五六年（昭和三十一）の『孤獨の人』（三笠書房）の出版がある（『朝日新聞』一九五六年四月二日）。『孤獨の人』は学習院時代に皇太子の学友であった藤島泰輔が執筆した小説で、学習院内部での学生生活を題材としていた。このなかでは、学友たちにとって皇太子は「勢力争いの道具、虚栄の道具」であって、本当に皇太子と親友になる者はいなかった。彼の環境を変えようと同級生たちが動いてもそれを妨害する宮内庁の役人がおり、皇太子自身もその境遇に不満をもちつつも変化を諦めている。それは読者に頼りなさまで感じさせる。そして皇太子は、「孤獨の人」として、学習院のなかでもさびしく取り残されている姿が描かれるのである。

この『孤獨の人』は、清新な人間としてのイメージを有していた皇太子がいかに「人間」的な生活を送ることができないか、また制度としての天皇制や宮内庁がいかに硬直化しているかなど、皇太子の実像や天皇制の問題点を鋭く描き出した小説であった。『孤獨の人』はベストセラーとなり、翌年には映画化までされるに至った。それまでの皇太子人気が虚像ではなかったか、実像はむしろまさに「孤獨の人」であり、しかも皇太子はそれを打破しようとしない諦めの極地にいる人間なのではないか。国民にそう感じさせてしまう内容であった（河西秀哉「解説」藤島泰輔『孤獨の人』岩波現代文庫、二〇一二年所収）。

皇太子自身、①「監禁」されており、自由に解放されないこと、②一人暮らしで、肉親などと住居が同じでないこと、③常に見世物的な気分で見られること、④ジャーナリズムに嘘を書かれること、⑤世間体をいつも考えねばならないこと、⑥女性に接する機会が少ないこと、⑦理想を持てないこと、⑧皇太子であるがゆえに将来における自由の保証が無く、束縛が多いこと、⑨過大視されること、⑩生活が単調になり、生活することがつらくなること、⑪交友関係が限定されることなどを悩みとして友人に打ちあけていたという（牛島前掲『ノンフィクション 天皇明仁』）。

幼少から両親と離れて暮らし肉親の愛情に直接的に触れることが少なかった皇太子は、敗戦後のこの時期も自らの置かれた境遇に疑問を抱き、悩み、反発することがあった。おそらく、象徴天皇制となっても変わらなかった構造に対する不満とともに、人気になったがゆえにマスメディアや国民からは常に注視され続けたことに対する悩みが、皇太子のなかにたまっていたのではないだろうか。

これと前後して、皇太子自身に対しても「関心がなく」「親しみがわかない」との批判がマスメディアのなかからなされるようになる（『週刊読売』一九五八年一月五日号など）。こうして皇太子のみでは「新生日本」の象徴たり得なくなっており、皇太子妃候補とともに報道されることでようやくその位置を保持することができたのである。

皇太子妃選考の本格化

宮内庁内部で皇太子妃選考が本格化したのは、一九五五（昭和三十）年ごろからだと思われる。このころ、田島前宮内庁長官が宇佐美毅宮内庁長官から皇太子妃選考の協力を依頼され、小泉信三らと話し合いを重ねていた（加藤前掲『田島道治』）。具体的な候補名も次第に挙がり、田島の日記には「徳川文子調査進メルコトヲ初ム」との記述も見られるほか、一九五六年には実際にイニシャルO家を訪問して結婚の依頼をし、「拝辞」されたことも記されている。その後もKという名前が浮上するものの「色盲駄目　先方辞退ニテ解決」とあり、うまくいかなかった。正田美智子に決定するまでにすでに何人かの候補がいたにもかかわらず、結婚には至らなかったのである。

それゆえ、当初は元皇族や華族が皇太子妃候補の範囲であったようだが、のちに一般まで も拡大され、一九五五年九月の定例記者会見で瓜生順良宮内庁次長が「新憲法の結婚の自由の思想を尊重し、できるだけ広い範囲から選ぶ方針だが縁談にはつり合いが必要であり国民の納得ゆく家柄から選ぶことは当然である」と述べるに至った（『週刊女性』一九五七年一二月一日号）。この瓜生発言は宮内庁がはじめて皇太子妃選考について言及したものであり、これを聞いたマスメディアは皇太子妃選考が本格化しているとして、その報道体制を強化していった。しかし報道された候補は北白川・伏見・島津などから変化はなく、マスメディアは情報をつかみきれていなかった。

こうした状況をやや皮肉めいた視点で描いたのが、一九五七年に発刊された『週刊新潮』である。後発の出版社系週刊誌である『週刊新潮』は、新聞社系週刊誌との記事の差異化を図らなければならなかった（石田あゆう『ミッチー・ブーム』文春新書、二〇〇六年）。「今年三つの「どうなる?」」との題で、百円ビール・売春防止法と並んで皇太子妃問題が取り上げられたり（『週刊新潮』一九五七年四月一日号）、今年のニュースとして人工衛星・赤線・道徳教育・巨人と結婚の決まらなかった皇太子が並列して特集された（『週刊新潮』一九五七年一二月三十日号）。いずれの記事も、こうした問題と皇太子妃問題は同レベルの事象として並び、単なる興味という視点から語られているところに特徴がある。そこには象徴天皇制に対する権威性は存在しない。このように、皇太子妃選考問題を通して皇太子のイメージは通俗化しつつあった。

正田美智子の浮上

その後、一九五八年（昭和三十三）四月になって田島の日記に「Shoda Soyejima　調べヨクバ賛成イフ」（加藤前掲『田島道治』）と記されていることから、このころに正田美智子が皇太子妃の最有力候補として浮上したことがわかる。皇太子と正田美智子がはじめて出会ったのは一九五八年八月、長野県軽井沢で開催されたテニストーナメントだった。その翌年、美智子は友人の勧めで東京のテニスクラブに入会したが、皇太子もその倶楽部の会員だった（『朝日新聞』一九五八年十一月二十七日夕刊）。そのころから皇太子妃候補になったと思われる。選考は小泉信三を中心に行われた。

マスメディアもこのころになると、彼女が皇太子妃候補になったことを察知し、正田家と接触しはじめた。報道が熾烈となって結婚まで至らなくなることを憂慮した宮内庁は、小泉が呼びかけて、宮内庁の正式発表までは予測報道を行わないとする報道協定を、新聞協会・雑誌協会加盟の各社に申し合わせさせた。新聞社は協定を遵守して予測記事は掲載しなくなった一方、小泉が報道自粛を呼びかけてきたということは正田美智子が皇太子候補の本命であることの証拠であると確信し、正田家への取材は常に試みて、来るべき正式発表後に向けての報道への蓄積を重ねていく。

しかし、協会に未加盟のマスメディアは協定を守る必要がなかった。協定から自由であった出版社系週刊誌の『週刊明星』では、一九五九年十月十六日号で正田美智子が皇太子妃候補になっているとの記事を掲載しようとしたが、それを聞きつけた小泉が頭を下げて記事は取り下げられることになった（梶山季之「皇太子妃スクープの記」『文藝春秋』一九六八年六月号、のちに梶山季之『ルポ 戦後縦断』岩波現代文庫、二〇〇七年に所収。梶山は当時『週刊明星』の記者であった)。しかし海外で『ニューズ・ウィーク』が皇太子妃候補として正田美智子の名前を紹介したことから、『週刊明星』はその記事を紹介する形で、「テニスコートでの出会い」や彼女の性格やプロフィールを報道し、いち早く正田美智子の皇太子妃決定を公表した(『週刊明星』一九五八年十一月二十三日号)。一方の新聞は、十一月二十七日の宮内庁からの正式発表まで報道を待たなければならなかった。

ところで、「昭和天皇実録」には次のような記述がある。

去る八月下旬、正田美智子を皇太子妃として迎えたい旨を正田家へ内々に申し入れたところ、同家では事の意外に驚き、これを固辞する。しかし、その後の話し合いの結果、この日ようやく正田家より内諾を得る。またこれらの経緯、及びこの二箇月半の間、本人はもとより正田家の心労が極めて大きかったことなどが二十七日の皇室会議において説明される(「昭和天皇実録」一九五八年十一月十三日条)。

ここにもあるように、宮内庁内で正田美智子を皇太子妃として決定してからも、本人や家族はそれを「固辞」していた。そうした状況は婚約発表後のマスメディアでも報道されている。これに対して、明仁天皇は結婚五十年目の記者会見で「当時何回も電話で話し合いをし、ようやく承諾をしてくれたことを覚えています。プロポーズの言葉として一言で言えるようなものではなかったと思います。何回も電話で話し合いをし、私が皇太子としての務めを果たしていく上で、その務めを理解し、支えてくれる人がどうしても必要であることを話しました」と述べており（二〇〇九年四月八日記者会見、宮内庁ＨＰ）、その説得には皇太子自身があたっていた。その結果、婚約に至ったのである。

皇太子は「初めは客観的に出発したんですよ。いろいろな女の人の中から、こちらの条件にあった人を選んでいって彼女が出てきた。それからだんだん後半になって、それが恋愛になったわけだ」（一九五九年四月六日・共同通信橋本明記者に、薗部前掲『新天皇家の自画像』）と語っており、当初は小泉らによって皇太子妃候補を選考し、そのなかから正田美智子が候補として浮上して恋愛を経て婚約になったことがわかる。

国民的ブームの到来

十一月二十七日、宮内庁は正田美智子の皇太子妃決定を正式に発表した。これ以後、それまで協定によって沈黙していたマスメディアはいっせいに報道を開始する。

その中でまず問題となったのが、新聞が報道協定によって皇太子妃報道を控えていた是非であった。出版社系週刊誌であった『週刊新潮』では皇太子妃選考報道にまつわるエピソードが紹介されているが、新聞記者が「皇室に平民の血が入るのは、いいことだ…だから盲動はつつし」まなければならないとの意図のもとに、積極的な意思を込めて自主的な規制をかけたと述べている。そして『週刊新潮』は、その行動を高く評価して記事を結んでいる（『週刊新潮』一九五八年十二月八日号）。ここからは、長期にわたった皇太子妃選考報道に対してマスメディアから自省作用があったこと、そして皇太子妃に元華族ではない正田美智子が選ばれることをマスメディアが望んでいたことがうかがえる。とくに後者は、その後の報道効果を考えていたからだけではなく、マスメディアが積極的に象徴天皇制の内実形成に寄与していた一例として見ることができるのではないだろうか。

正式発表後の報道では、積極的に正田美智子の性格や経歴、家族構成が紹介され、新しい時代の皇太子妃としてふさわしいことが述べられた。婚約後の報道の主役は皇太子ではなく、正田美智子であった。報道協定中、彼女について報道できなかったマスメディアはその期間中取材を重ね、正式発表後にいっきょに放出させたのである。そうした記事では正田美智子のプロフィールが事細かに記され、彼女の一挙手一投足、そしてファッションに注目が集まった（松下圭一「大衆天皇制論」『中央公論』一九五九年四月号／石田前掲『ミッチー・ブーム』)。こうして国民的なブームが起こったのである。

都市中間層の論理との合致

政治学者の松下圭一は、この現象を「大衆天皇制」と評価した。松下は、敗戦前の日本は絶対主義天皇制であったために大衆社会の出現が抑制されていたが、敗戦後に天皇の神格否定・日本国憲法の成立によって天皇制は脱政治化し、その価値観が崩壊することで伝統的共同体は解体したと説明する。そして松下は、戦前の近代天皇制と敗戦後の象徴天皇制との間に明確な断絶を強調する。その結果、マスメディアの操作によって都市中間層の生活様式が前面に出、大衆社会状況が露呈された。ミッチー・ブームは、こうした社会状況が前提になっているという。皇太子・正田美智子の存在、「恋愛結婚」という行動様式は、日本国憲法の価値基準や大衆社会において中心的な立場にいた都市中間層の論理に適応するものであった。そのため、自分たち国民の理想の家庭像・スターとして敬愛され、ブームになったのだと松下は主張した（松下前掲「大衆天皇制論」／ケネス・ルオフ『国民の天皇』共同通信社、二〇〇三年）。

高度経済成長の時代にあって、都市化が急速に進展し、新しい価値観を有した新中間層が都市部に集中し、大衆として影響力を有するようになる。マスメディアはその層をターゲットに、報道を展開していく。そうした新中間層の生活様式に合ったのが、皇太子と正田美智子の婚約だった。自分たちの意思による自由恋愛と見られたことは、日本国憲法の理念とも合致する要素となった。それがゆえに国民的なブームとなったのである。

また、一九五〇年代に展開されていた「新生活運動」の影響も考えられる。これは、戦前の価値観を打破し、生活を改善していくために展開された運動であるが、その実践のひとつが結婚式の簡素化であった。皇太子・正田美智子の結婚も、マスメディアを通じて合理的で近代的な状況や簡素化が伝えられることで、新生活運動と合致することが印象づけられた（森暢平「ミッチー・ブーム、その後」河西秀哉編『戦後史のなかの象徴天皇制』吉田書店、二〇一三年）。二人の婚約はそうした新しい価値観に適合するものとして捉えられたため、ブームとなったのである。

マスメディアでは、この婚約を歓迎する意見で埋め尽くされた。とくに、皇太子や正田美智子と同年代の若い世代からの声が多かったところに特徴があった。自分と重ね合わせ、古い慣習を打破する存在として、共感を得たのである（大野前掲「新聞報道からみるミッチー・ブーム」）。これがブームの原動力となった。

「恋愛結婚」かどうか

マスメディアの報道のなかでは、皇太子と正田美智子との恋愛が強調されていたことが注目される。しかし正式発表当初は必ずしもそうではなかった。『読売新聞』ではテニスコートで出会ったことには言及しつつも、小泉を中心とする選考段階で正田美智子はまず候補に挙がり、皇太子もそのころに名前を出したため、「こんどの場合、皇太子の「恋愛結婚」というのも、宮内庁が押しつけた「強制結婚」というのも当たっていない」と述べられている（『読売新聞』一九五八年十一月二十七日夕刊）。『朝日新聞』でも正田美智子が正式に選考を受け入れる前に皇太子に会って意思を確かめたいとの希望をもっていたにもかかわらず、「周囲の情勢はそれを許さなかった」と述べる（『朝日新聞』一九五八年十一月二十七日号外）。その真偽はともかく、姉の順宮厚子内親王の結婚時に比べ、恋愛であることは当初大きく取り上げられなかった。

ここには、恋愛によって未来の象徴である皇太子のイメージが損なわれるとの懸念があった（石田前掲『ミッチー・ブーム』）。自民党の平井義一衆院議員は国会で、「もしも伝え聞くように、皇太子殿下が軽井沢のテニス・コートで見そめて、自分がいいというようなことを言うたならば、ここにおられる代議士さんの子供と変りない。私の子供と変りない。これが果して民族の象徴と言い得るかどうか」と質問した（衆議院内閣委員会一九五九年二月六日）。それに対し宇佐美宮内庁長官は「世上で一昨年あたりから軽井沢で恋愛が始まったというようなことが伝えられますが、その事実は全くございません」「世上伝わるようなうわついた御態度というものは、私どもは実際において全然お認めすることはできません」と否定している。平井のように天皇としての権威を思考する立場にとって、皇太子が国民と同じような恋愛をすることは、その権威性を欠如させてしまう要因となり得ると見られたのである。そして宇佐美も恋愛を「うわついた態度」として否定している。こうした宮内庁の姿勢は国民の意識に追いついていなかったと思われ、宮内庁批判へと展開されていく。宮内庁はブームの要因をつかみきれていなかった。

しかしこのような平井や宇佐美の態度に反し、皇太子と正田美智子の恋愛はその後のマスコミでとくに強調された。恋愛は「新生日本」を、日本国憲法における両性の平等や婚姻の自由を、そして天皇制が民主化されたことを象徴する重要な要素であったのである（『週刊東京』一九五八年一二月六日号）。これは松下圭一が「大衆天皇制論」のなかで提起した通りであった。『週刊女性』が「秘められたロマンス」として恋愛を強調するように、皇太子と正田美智子の恋愛はマスメディアが天皇制を通俗化していくための格好の素材ともなった（『週刊女性』一九五八年十二月十四日号）。しかし一方で恋愛が語られることは、象徴天皇制が日本という国家の現在の、そして目指すべき像に適合的な存在であったことを示している。高度経済成長下の社会にあって都市化が進展し、伝統的社会秩序が次第に変容を遂げるなかで、そうした国家の状況にふさわしい新たな概念こそが恋愛であり、それが皇太子・正田美智子の結婚に付与されていった。

宮内庁の誤算

ところで正式発表から結婚を経ていくなかで、宮内庁批判や正田美智子への批判も見られるようになる。すでに皇太子妃正式決定直後、評論家の大宅壮一が「宮内庁やそのとりまきが、いまの天皇、皇后のように、新しいお二人を祭りあげようとしたら悲劇である」（『中部日本新聞』一九五八年十一月二十七日夕刊）と危惧しているように、宮内庁の対応に対する批判は存在していた。清新なイメージをもった皇太子と「平民」の正田美智子が、天皇制という制度のなかで埋没し、個性を失っていくことへの懸念であった。

しかもそれは、次の三つの点から実際上の宮内庁批判へと展開していく。第一に、お妃教育である。正田美智子に対して正式決定後になされた詰め込み型の教育に対し、それが彼女を「ノイローゼ気味」にまでさせるほどのものであったと批判された。また内容についても、それが伝統的な天皇制の作法などを教え込むもので現在の状況とは合致せず、旧態依然の教育を施しているとして、むしろ国民との距離の近い正田美智子を遠ざけてしまうのではないかとの論が展開された（『中部日本新聞』一九五九年四月三日夕刊）。お妃教育が「人間」性とはかけ離れたものである、新しい象徴天皇制にはふさわしくないとの認識からの批判であった。

第二に、宮内庁が採った前例主義である（『中部日本新聞』一九五九年四月六日夕刊など）。恋愛を否定する宇佐美宮内庁長官の姿勢のように、宮内庁が行った様々な対応はマスメディアや国民には「保守的」と捉えられた（『週刊読売』一九五九年四月十九日号／『サンデー毎日』一九五九年四月二十六日号）。これは先ほど述べたように、宮内庁がブームの要因をつかみきれていないことから起きた批判でもあった。

第三に、ブームを利用する人々の存在である。正田家の実家のある群馬県館林では記念事業が計画され、それによって開発を進めて収益をあげようとする動きが高まった（『週刊文春』一九五九年四月二十日号／『週刊女性自身』一九五九年四月十日号）ことから、マスメディアで「皮算用」と批判された。ミッチー・ブームを期待や歓迎といった意識レベルだけではなく、それを利用して自己の利益に繋げようとする姿は、旧来の天皇制を想起させた。それは、このブームにおいて最も忌避されるべき問題であったともいえる。これまでとは違ったイメージを有していたからこそ、正田美智子は歓迎され、国民からの強い支持を受けた。しかし天皇制という制度が彼女すらも飲み込んでしまうことへの危惧が生じ、それに対する批判が提起されたのである。

戦前の社会を批判的に捉え、それゆえに皇太子の「人間」としての姿を見、親愛感をもっていた作家の城山三郎は、皇太子と正田美智子の婚約を聞いたとき、「眼もとが熱くなるほど嬉しかった」と述べる。「皇太子は変り、そして天皇家の柵も開かれたのだ」と感じたからだという。しかし、ミッチー・ブームといわれる「狂気のような世の騒ぎ方」にその感動は急速に冷却した。「人間らしい存在、別格扱いされない存在に降りてきたはずの皇太子が、あっという間に、別格扱いに騒がれ出したのだ。人間的な結婚で、かえって非人間的にまつり上げられるという皇太子の不運」「人間皇太子の御成婚は、この意味では一つの決意のチャンスであった。このときにこそ、「天皇のためならば」とか「天皇家をかつげば」という血に汚れた観念を精算すべきであった。その精算こそ、真に皇太子夫妻の幸福を保証する道でもあったのだ。それが全く逆に動き出したことを、私たちは喜劇と呼ぶべきなのか、悲劇と呼ぶべきなのであろうか」(「天皇制への対決」『婦人公論』一九五九年六月号)と述べるように、城山は天皇制のなかで皇太子らが「人間」性を犠牲にしていることへの矛盾を突いた。国民の無責任な祝い方は戦前と同じようなことをしていると考え、象徴天皇制への関わり方を問題視したのである。ブームを批判的に見る眼もあった。

皇后からの反対

正田美智子という存在も歓迎ばかりされたわけではない。皇太子妃決定反対の筆頭は、ほかでもない皇太子の母である香淳皇后であった。皇后は婚約前、秩父宮妃勢津子《せつこ》と高松宮妃喜久子《きくこ》に対して、「平民からとは怪しからん」と訴えていた(『入江相政日記』一九五八年十月十一日条)。旧皇族の久邇家出身であった皇后は、皇太子妃は当然報道されていたような旧皇族や華族がふさわしいと考えていたのである。皇后は身分意識を強くもっていたがゆえに、「平民」出身の美智子妃に反対した。

こうした感情は皇后だけではなかった。旧皇族の梨本宮に嫁いでいた伊都子《いつこ》(旧華族出身)は皇太子と美智子妃の婚約の発表を聞き、「憤慨したり、なさけなく思ったり、色々。

日本ももうだめだと考へた」と日記に記している（『梨本宮伊都子妃の日記』小学館、一九九一年）。旧来の秩序のなかで天皇制を思考するグループにとって、美智子妃はあまりに衝撃的な選択肢であった。

一方で、「平民」が歓迎される土壌はブーム前からすでに存在していた。自由党の原健三郎衆議院議員は、「この妃殿下をお迎えになるのに対し、この画期的敗戦の日本におきまして私ども国民が申し上げたいことは、旧来の法規や慣習にとらわれずに、八千五百万の国民の中から皇太子妃殿下をお選びになられることがよろしかろう」「皇室と国民の関係をいよいよ深くする意味においても、密接にする意味においてもよろしかろうと思う」（衆議院予算委員会一九五三年二月一二日）と述べ、天皇制と国民との関係を考える上でも「平民」出身の皇太子妃が望ましいと主張していた。

こうした思考が根底にありながらも、マスメディアでは、基本的に旧皇族や元華族の女性が候補として名前が挙げられており、「平民」は考慮の対象外であった。その予想が裏切られ、正田美智子に皇太子妃が決定したという事実は、天皇制の民主化をより徹底化させたものとして、国民に映っただろう。だからこそ、ミッチー・ブームが起こった。敗戦後一貫して継続していた、象徴天皇制における女性への関心の高まり。その延長戦上に

「平民」出身というひとつの起爆剤が与えられ、ブームとして花開いた。美智子妃の誕生は、象徴天皇制が国民の身近な存在としてありつづけること、旧来の秩序と決別して新しく生まれ変わったことを、国民に定着させる契機となったのである。

ブームが残したもの

一九五九年（昭和三十四）四月十日、「ご成婚」を迎えた。パレードには多くの人々が駆けつけたほか、テレビの中継には全国の国民が注視した。そしてブームは継続した。結婚後三カ月で美智子妃の妊娠が発表され、一九六〇年二月には長男の浩宮徳仁親王が誕生する。その後、皇太子夫妻は皇室の慣例を破って子どもたちを自ら育てた。また、夫妻が育児書を読みながら、子ども中心の家庭生活を送っていることが伝えられ、新しい家庭像のモデルとして捉えられた。そして、美智子妃がモダンな台所に立って料理する写真がマスメディアを通して国民に伝えられる。その生活は近代的な理想の家族として国民に捉えられていった（ルオフ前掲『国民の天皇』）。

ところが、このブームも長くは続かなかった。皇室という伝統のなかで美智子妃が次第に「お疲れ」になり、「お痩せ」になっていると伝えられたのである。それは、たくさんの公務に取り組んだためであった。先に述べたようなブーム時の天皇制・宮内庁批判のように、美智子妃もそうしたものに搦め捕られていると見られた。そして「雲の上」人になってしまうとの懸念が生まれ始める（森前掲「ミッチー・ブーム、その後」）。

同時期、権威側からの揺り戻しもはじまっていた。深沢七郎の小説が皇室への侮辱と受け取られ、発行元の中央公論社社長宅が襲われた「風流夢譚」事件や、天皇制について論じた『思想の科学』を圧力を契機に発行元が発売前に自主的に廃棄した問題など、天皇制を扱うマスメディアに対して、次第に攻撃が始まっていく（松浦総三『天皇とマスコミ』青木書店、一九七五年）。

その延長で起こったのが、一九六三年の「美智子さま」執筆中止をめぐる騒動である。「美智子さま」は一九六一年より『平凡』に連載された長編小説で、生い立ちから婚約・結婚、その後の生活を実名で描いたものであった。小山いと子は反共的作家として著名で、この「美智子さま」執筆にあたっても徹底した取材を行い、皇太子・皇太子妃の実態・実像を描くことにこだわった（松浦前掲『天皇とマスコミ』）。小山は執筆意図を「皇室と国民とを密接にすべきだとの立場から、もっとほんとうのことを知らせるべきだと思いました」（『朝日新聞』一九六三年三月十二日）と述べたように、「美智子さま」は天皇制、とくに皇太子・皇太子妃に好意的、そして賛美するような内容となっていた。旧来の天皇制との軋轢や葛藤、悩みや模索を描くことを通じて、彼らの人間性を浮き彫りにし、読者の同情と共感を獲得して象徴天皇制の支持基盤を形成しようとしていたのである。

しかしその「美智子さま」や同時期の週刊誌などによる報道は興味本位に偏り、人権侵害にあたるのではないかと民社党の受田新吉衆議院議員が主張する（衆議院予算委員会第一分科会一九六三年二月二十一日）。宮内庁はこの主張を受け、「美智子さま」が「興味本位で、世間に誤った印象を与え、好ましくない」として出版社に掲載中止を申し入れた（『読売新聞』一九六三年三月十二日）。

小山は象徴天皇制を支持するからこそ、皇太子・皇太子妃に対抗する旧来の天皇制は冷徹に描かれており、宮内庁が問題視した理由はそこにあった。その後、出版社は宮内庁の申し入れを受け入れた。しかし事態はそれだけでは終わらなかった。同時期、美智子妃は第二子を妊娠していたが、胞状奇胎のため流産の措置がとられた。これを宮内庁は雑誌への牽制に利用していく（森前掲「ミッチー・ブーム、その後」）。そして、美智子妃の体調が悪くなった原因は、雑誌などの興味本位の報道によって心を痛めたからだとの報道がなされるようになる（『朝日新聞』一九六三年三月二十三日）。

これをきっかけに、それまでの雑誌などの報道に対する批判も高まり、マスメディアは美智子妃についての報道を縮小していった。人々も高度経済成長にともなって生活水準が向上してくると、皇太子一家を理想的な家族モデルと見なくなっていく。それは国民の飽きでもあった。強烈なブームだったがゆえに、彼女たちの人気が下降するのも早かったのである。こうしてブームは終焉した。そして象徴天皇制は、「地盤沈下」の時代（渡辺前掲『戦後政治史の中の天皇制』）を迎えることになる。

第三章　次期天皇への芽生え

積極的な外交のスタート

ミッチー・ブームは去り、マスメディアによる報道は縮小していた。とはいえ、皇太子夫妻はその後、何もしていないわけではなかった。日本国憲法に規定された国事行為を代行する法律がなく、海外に出ることができなかった天皇に代わって、各国元首クラスの来日に対する答礼や国際親善を目的として、皇太子夫妻はさまざまな国を訪問していった。すでに結婚直後から一九六〇年（昭和三十五）にアメリカやイラン、エチオピア、インドなどを訪問していたが、美智子妃の流産・静養後もメキシコやタイ（一九六四年）、ブラジル（一九六七年）など世界各国を訪れた。その意味では、マスメディアへのブーム的な露出は減った一方、皇太子夫妻は国際的に日本をアピールする役目を担っていたといえるだろう。
このうち、はじめての皇太子夫妻での外遊となるアメリカ訪問について注目しておきたい。皇太子夫妻がアメリカを訪問した一九六〇年は、日米の外交関係が開始されてから百年目（日米修好百年）の年であった。そのため、「両国の親善友好関係」を強化する方策が外務省内で検討される。これに対し、田中三男ニューヨーク総領事は山田久就外務次官に宛てて次のような手紙を送っている。

このような地道な文化啓発事業の中心となる企画として、最近御結婚が整い、全国民が心から祝意を表しており、且《か》つ米国各方面でも大きく報道されて関心をもたれている、皇太子殿下及び同妃殿下を大統領の賓客として御招待させることができれば、それほど有効且つ有意義なことはないのではないか（外務省外交史料館蔵「皇太子同妃両殿下御訪米関係一件」）。

この手紙は「ご成婚」前の一九五九年一月に出された。二人の婚約が発表されブームが起きているさなかに、外務官僚はそれを日米の親善友好に利用しようとしたのである。しかし、これに対する外務省本省からの返答はやや慎重であった（高橋紘「皇太子訪米と六〇年安保」五十嵐暁郎編『象徴天皇の現在』世織書房、二〇〇八年／波多野前掲『明仁皇太子エリザベス女王戴冠式列席記』)。イラン、エチオピア、インドなどすでに元首が日本に訪問した国があり、その答礼を優先させなければならないのではないかとの理由である。しかし一方で、外務省は日米関係の重要性も意識していた。アメリカとの親善関係をより深める機会となる日米修好百年における目玉イベントとして、皇太子など皇族を何らかの形で活用したいと考えていたと思われる。

田中総領事はすでに、アメリカ側の日米協会関係者などにも皇太子夫妻の訪米を相談しており、アメリカ国内でもそれに前向きな姿勢が示された。そこで考え出されたのが、皇太子夫妻を大統領の賓客としてホワイトハウスが招待し、その代わりに日本側も答礼使を国賓として招待するという構想であった。これは大統領と皇太子の相互訪問の計画だった(高橋前掲「皇太子訪米と六〇年安保」/波多野前掲『明仁皇太子エリザベス女王戴冠式列席記』)。その後、「御成婚」を経て、今度は朝海浩一郎駐米大使が外務省本省に、「明年は日米国交開始百年祭にあたる。ついてはこの機会に皇太子、同妃両殿下を御招待申上げそのご訪米を得ば、両国親善関係増進の上に絶大なる寄与あるものと確信し」、皇太子夫妻の訪米を訴えた(前掲「皇太子同妃両殿下御訪米関係一件」)。

これを受けて外務省は宮内庁の意向を確かめた。すると宮内庁は、イランなどへの返礼をまず考慮しなければならない事情があり、皇太子夫妻の訪米は難しいとの見解を示す。皇太子ではなく他の皇族の訪米を希望したのである。政府もこれを受け、五月、皇太子夫妻の訪米を断念する。これは、日米関係を重視する外務省に対して、答礼外交を重要視する宮内庁、という構図といえるだろうか。

アメリカ訪問の再浮上と日米のかけひき

皇太子夫妻訪米問題はその後、一九五九年（昭和三十四）年十一月に再浮上する。ダグラス・マッカーサー二世駐日大使が藤山愛一郎外相に対し、ドワイト・アイゼンハワー大統領からの「国賓」待遇での招待を伝えたのである（前掲「皇太子同妃両殿下御訪米関係一件」）。

この時期、日米安全保障条約改定をめぐる日米交渉が行われていた。一九五九年三月になると、社会党を中心とした安保改定阻止国民会議が結成され、反対運動が高揚する。安保改定が日本を再び戦争に巻き込む危険性があると見られたからである。国会前でのデモ活動も激化していた。岸信介内閣は片務的条約から相互共同防衛的安保条約に改定することで、日米関係を新たに再定義しようと試みていた（松尾尊兊『日本の歴史㉑　国際国家への出発』集英社、一九九三年など)。アメリカ側も在日米軍基地の安定的な保持を目的としつつ、日本側の要求に一定の譲歩を示していた。こうした新たな日米の親善関係を象徴的に示すため、皇太子夫妻の訪米と大統領の訪日という相互訪問が志向されたのである。

しかし、その実現にはいくつかのハードルがあった。まず、こうした政権の思惑から皇太子夫妻が訪米するとなれば、皇室の政治利用と批判される可能性があった。象徴天皇制において、皇族が政治にかかわることや政治に利用されることは、戦前を想起される可能性があることから、最も避けるべき事項であったといえる。また先に宮内庁が断っていたように、日本に元首クラスが訪問した国々への答礼を先にすませる必要もあった。これは国事行為を代理する法律がないために天皇が海外に出られないことから、その名代として皇太子が行く必要があった。そして美智子妃の出産問題である。七月に美智子妃の妊娠が発表されていたことから、出産前後の訪米は困難であった。

そのため外務省内で、それらの課題をクリアするための検討が始まる。須山達夫儀典長作成の書類には、三つの案が示されている(前掲「皇太子同妃両殿下御訪米関係一件」)。

A案は五月にアメリカを訪問し、秋に答礼国を訪問するというものである。ここには、五月では「妃殿下の御出産後二ヶ月に若干日を満たない可能性がある」としつつ、「旅行可能と考える」との文言が見える。この案の短所として「元首が先に日本を訪問した国に米国の後で訪問することになる」こと、「一年間に二回外国に出られることは可能か」と記している。特に後者は宮内庁に照会したようで、瓜生順良宮内庁次長は「接近して年に二回外国に出られることは不可能ではないが困難である。しかし間が半年もはなれていればそう困難ではない」と返答していた。

B案は五月にアメリカ訪問後、続いてヨーロッパ経由で答礼国を訪問するというものであった。つまり、外国訪問を一回ですまそうとするものだった。この案の短所はやはりこの時期に皇太子妃が外国に行くことができるのか、訪問国が多く「相当へヴィになるかも知れない」ことなどであった。

C案はB案と逆のコースをたどるというものである。この検討からもわかるように、外務省内においてもこの皇太子夫妻訪米が相当な困難さを有すると認識されていたことがわかる。しかしそれでも安保条約改定を控えた今後の日米関係を考慮すると、訪米を実現しなければ、と考えられたのである。

宮内庁側は、皇太子夫妻の訪米を日米国交百年祭の行事に出席するということで承諾する。イランなどの答礼国への訪問とは別の論理で訪問することで、アメリカを優先させることを許可したのである（高橋前掲「皇太子訪米と六〇年安保」）。

一九六〇年一月十九日、新安保条約がワシントンで調印された。岸首相はアイゼンハワー大統領の日本訪問を要請し受諾された。大統領からは皇太子夫妻の訪米も希望される。そして、この相互訪問を共同声明に盛り込もうとアメリカ側は提案した（前掲「皇太子同妃両殿下御訪米関係一件」）。ところが日本側では、反対運動も起きていた安保改定問題の共同声明に皇太子夫妻の訪米が組み込まれれば、皇室が政治的に利用されたとの印象を与えることになると議論されていた。宇佐美宮内庁長官は「ご訪米について共同声明に入れるなど、とんでもないことだと思った。共同声明というものは政治家がまとめた外交交渉の結果でしょう。あちらはよいかもしれないが、こちらの立場としては絶対困る」と考えたという（高橋前掲「皇太子訪米と六〇年安保」）。象徴天皇制を政治と切り離したい宮内庁の意図がよくわかる。そして最終的にはそれが貫徹されることになる。

安保闘争の狭間で

皇太子夫妻の訪米は国会でも議論となった。社会党の矢島三義参議院議員は、「現在わが国においては、いわゆる日米新安保条約と申すような非常に国論を二分するような重大な外交、政治問題が起こっております。こういう問題に皇室が巻き込まれるというような姿というものは、極力私は回避、心すべきだと思います」と述べ、「批准の問題の一つのPRに、この皇太子殿下を利用した形跡きわめて濃厚である」と批判した。そして次のように述べる。

〔訪米は〕五月の下旬二十日ごろに云々といわれておりますが、これは私は時期としてはきわめて不適当だと考えるわけです。国際親善の立場において皇太子殿下が外国を訪問なさるというそのことは、私はけっこうだと思います。しかし時期的に考えて、五月二十日ごろというならば、妃殿下の御出産の直後でございますよ、非常識もきわまると思う。また政治的には、今国論を沸かしているところの日米新安保体制、安保条約の審議がクライマックスに達して、国論は沸騰しているときである。あるいは批准段階です。そういう段階にアイクさんの全く交換訪問のような形で、皇太子殿下が御訪米なさるということは、非常に人道上からいっても、また皇室が政治から切り離されなければならないという、政治的に中立でなければならないということの原則からいって、きわめて私は不適当な時期だと考えるわけです（参議院内閣委員会一九六〇年二月九日）。

この質問に問題点は集約されている。安保改定という政治的な問題と象徴天皇制を絡めてよいのかという問題、そして美智子妃の出産時期との関連で外国への旅行が可能なのかという人道的問題である。マスメディアなどでもこの問題は多数の意見が掲載された。こうした動向をふまえ、政府はアメリカとの交渉において、皇太子の訪米時期を九月にすることを決定する。

しかしその後も安保改定反対闘争は高揚し、国会前では多くのデモ隊による運動が展開された。そして六月十六日にはアイゼンハワー大統領の訪日延期が発表される。こうして相互訪問の形ではなくなったものの、皇太子夫妻の訪米への影響はなかった。むしろ、安保闘争の様子がアメリカ国内に伝えられ対日感情は悪化しており、日米親善をアピールしてそうした状況を改善するためにも皇太子夫妻の訪米はより必要となったのである。

相互訪問という形ではなくなったとはいえ、政治性がまったく消え去ったわけではない。皇太子と大統領の会見について、宇佐美宮内庁長官は「あまり社交的な話ばかりではなく、少しは国際政治向きの話もされることにより大人であることを示された方がよい」と述べ、「これに対し、小泉氏全面的に支持した」と外務省の書類には記されているように、皇太子の教育掛であった小泉信三からもそうした会談の内容に同意があったようである（前掲

「皇太子同妃両殿下御訪米関係一件」）。彼らは、皇太子がこれから日本の「元首」的な役割を担うような意味を訪米に込めようとしていたのではないだろうか。

日米親善としての訪米

そして一九六〇年（昭和三十五）九月二二日から十月七日にかけて、皇太子夫妻はアメリカ各地を訪問する。それに先だち行われた記者会見で皇太子は、「私達をご招待くださったのは米国民の日本に対する非常な好意のあらわれだ、と感謝しております。私どもの訪問が少しでも両国の親善にお役に立てば幸いだと思い、一生懸命やってまいります」と答えた（一九六〇年九月十九日記者会見、薗部前掲『新天皇の自画像』）。皇太子自身、自らの訪米が親善の意味をもっていたことを充分に認識し、そのアピールの役割があることを明らかにしていたのである。皇太子夫妻は訪米中、ハワイのポンチボウル国立墓地のアジア・太平洋戦争の戦没兵士の墓を参拝し、パールハーバー（皇太子のみ）を訪れた（『朝日新聞』一九六〇年九月二十四日夕刊）。また、ワシントンではアーリントンの無名戦死の墓に献花している。こうして戦争の記憶の問題に触れはじめたのである。

アメリカ国内では大きな歓迎を受けた。『ニューヨーク・タイムス』は、「かつて日本の天皇を包んでいた神聖さはすでに過去のものとなり、皇太子は民間人の娘と結婚して日本国民を満足させている」「ふたりは戦時中は子どもであり、責任はない」との社説を掲げた（『朝日新聞』一九六〇年九月二十五日）。皇太子夫妻を「新生日本」の象徴として認識し、戦争とは切り離された存在として歓迎したのである。日本のマスメディアも皇太子夫妻の外遊の様子を盛んに報道していく。

皇太子自身、帰国を前にして、「これは私達だけに対するものでなく、日本と日本国民に対するものと思い、心から感謝しています」「七年前に比べ、日本に対する関心と理解が非常に深まっていることを感じました」と述べている（一九六〇年十月五日記者会見、薗部前掲『新天皇の自画像』）。彼は日米関係の重要性が増し、親善としての訪米の重要性があることを強く意識していた。一九六〇年の皇太子夫妻の訪米には、日米親善を強く求める世論が、その意義をより増加させたのである。

戦争へのまなざし

訪米からほとんど期間を空けず、同じ年の十一月には皇太子夫妻はイラン、エチオピア、インド、ネパールを訪問した。これは元首訪日にともなう答礼外交であった。一九六二（昭和三十七）年にはパキスタン、インドネシアを訪問している（本当はフィリピンも訪問する予定であったが、途中皇太子が発熱し取り止めとなった）。

繰り返された皇太子と美智子妃の外遊のなかで重要なのは、彼らが戦争の問題を次第に重要視していく点である。一九六二年十一月、先述のように訪問が中止となったフィリピンに皇太子夫妻の希望で訪問することが決定する（『中部日本新聞』一九六二年八月二十四日夕刊）。その訪問にあたって行われた記者会見で、記者から戦争未亡人の代表と会うことを聞かれた美智子妃は、次のように答えた。

以前、戦争未亡人会の方が日本に来て、靖国神社を参拝したことを覚えています。……対比賠償の一部がフィリピン政府から未亡人会へ割り当てられ、それを有効に使うためにみえたとも伺っており、これがどうなっているかもお聞きしたいと思います。そして、向こうの未亡人達の生活を日本の未亡人達にお伝えしたい（一九六二年一一月一日記者会見、薗部前掲『新天皇の自画像』）。

ここで美智子妃は、アジア・太平洋戦争の被害を受けた人々の生活を自ら知りたいと答えたのである。フィリピンは「マニラの街にはまだ戦争の傷跡がそこここに残っている」と報道されたように、戦争の記憶はいまだ生々しく、対日賠償をめぐっては複雑な感情があった（『朝日新聞』一九六二年十一月十日）。そこに皇太子夫妻が自ら希望して訪問したのである。アジア・太平洋戦争で残された問題に、自分たちから対峙しようとしていたことをうかがわせるだろう。彼らが戦争未亡人と会うことは、マスメディアなども見出しに掲げ注目していた（『中部日本新聞』一九六二年十一月二日）。

皇太子は訪問時、戦前にフィリピンで亡くなった日本人を葬った日本人墓や、アジア・太平洋戦争時の無名戦士の墓を訪れ、花輪を捧げた。これは、宮内庁（もしくは皇太子）からの要望であったようである〈外務省外交史料館蔵「皇太子継宮明仁親王同妃両殿下フィリピン御訪問関係〈昭和三十七年〉」〉。これも自ら戦争の記憶に対峙しようとする皇太子の姿勢と見ることができるだろう。

皇太子夫妻は外遊にあたってその国についての知識を得るため、学者から話を聞き、書籍を多数読んでいたようである。フィリピンについても、記者に「戦争の関係で一時複雑な対日感情があったようですが、どうお考えですか」と尋ねられ、皇太子は「非常に難しい問題だと思います。何といっても親善が目的ですから、その線でやっていきたい」と答えている（一九六二年一月十九日記者会見、薗部前掲『新天皇の自画像』）。皇太子自身は日本とフィリピンにおいて、戦後の現在も戦争の記憶に関する問題が存在していることを充分に認識していた。そのうえで、自身のフィリピン訪問が戦争の記憶を消し去り、今後の親善に役立つことを強調したのである。これを受けて、マスメディアでも皇太子が述べたこの「親善」という概念がキーワードとなって、フィリピン訪問を報道していくようになる（例えば『中部日本新聞』一九六二年十一月五日夕刊）。

激戦地フィリピンへの訪問

フィリピンでの皇太子夫妻の訪問への反応はどのようなものであったのだろうか。板垣修在フィリピン大使は大平正芳外務大臣宛に次のような報告を送っている。

御来訪前は、旧軍人学生および一部業界の間に何らかデモのごときを企画しおるやの風説もあり、当館としては皇太子殿下の御人柄、特に魚類学者としての面、スポーツ愛好家としての面、あるいは宮中の伝統を破られた御成婚の経緯を中心に資料を配付し、さらに戦後のわが国が新憲法下において平和愛好の民主国家に生れ変り、皇室の地位は政治に干与《かんよ》なきこと等を解説するなど集中的な広報活動を行うと同時に、工作を進めたこともあつてか、特に反日的言説が新聞に現われることもなく、デモのごときは一切行なわれなかつた……その結果、直前の報道振りを見るに「人好きのする魅力的皇太子御夫妻」という形が支配的であった（前掲「皇太子継宮明仁親王同妃両殿下フィリピン御訪問関係〈昭和三十七年〉）。

それまでのイギリスやアメリカ訪問時と同じように、事前に大使館による世論工作が行われていた状況がわかる。それだけ、外務省は現地での反日的な動きを警戒していた。皇太子夫妻がアジア・太平洋戦争とは切り離された存在であることをアピールし、彼らが歓迎される土壌をつくっていたのである。板垣は次のようにも報告している。

両殿下御来訪の前日たる日曜日にはマニラ市内の教会の二つ（当館の入手した情報による）において説教が行なわれ、その内容は旧敵を赦し、友愛のカトリック精神をもつて両殿下の御来訪を迎えることを訴えるものであつたと伝えられるが、これまた宗教の力の強い当国では新聞に現われざる与論工作として効果があつた（同前）。

こうした状況もあり、皇太子夫妻の到着後は、「各紙とも日本皇室に関する扱いぶりは一段と印象的となり、報道振りも暖い眼をもつてする」ようになったという。フィリピンはアジア・太平洋戦争の激戦地であり、いまだ戦後補償の問題など残された課題も多く、両国間は必ずしも「親善」だけの雰囲気ではなかった。そのため外務省も積極的な動きを見せ、皇太子夫妻が歓迎されるような状況をつくりだしたのである。

このようなフィリピン訪問については、マスメディアも積極的に取り上げた。皇太子夫妻がマニラの児童保護施設を訪問し、戦争で親を失った戦争孤児と面会し、彼らと交流したことや贈り物を贈ったことが報道される（『中部日本新聞』一九六二年十一月七日夕刊）。また、戦争未亡人と一人ずつ話をし、「激励」したことも記事となった（『読売新聞』一九六二年十一月八日）。皇太子夫妻がフィリピンで現地の人々と交流し、そして戦争の記憶に対峙している様子が日本に伝えられたのである。

とくに後者では、戦争未亡人団体の代表から美智子妃に、「過去のことはもう忘れました」という言葉がかけられたことをマスメディアは数多く取り上げた。中部日本新聞社常務であった小山武夫はコラムのなかで、「こんなうれしいことばがほかにあるだろうか」「私も過去のことは忘れて、もういちどこの国を訪れたい」と書いている（『中部日本新聞』一九六二年十一月十日）。皇太子夫妻は外国を訪問するときには過去を「忘れ」ないために、戦争の記憶に自ら対峙しようとしていたと思われる。しかし、訪問国で歓迎される様子を伝えられ、過去は「忘れ」られたと小山のように国民は安堵したのではないか。だからこそマスメディアは、積極的に戦争未亡人のこの言葉を報道したのである。このように国民にとって、皇太子夫妻が歓迎されることは「過去」＝アジア・太平洋戦争の記憶を「忘れ」

ることだった。

定型的な応対と戦争認識の深化

皇太子夫妻の外遊については、問題点を指摘する声もある。牛島秀彦は一九六七年（昭和四十二）五月の南米訪問後にホノルルへ立ち寄った皇太子夫妻の様子を記している（牛島前掲『ノンフィクション 天皇明仁』）。そこで皇太子夫妻は日系人の歓迎を受け、「さかんに人びとに「お言葉」をかけていた」という。休みなくしきりに話しかけている皇太子はそのうち一人の日系人の老人に「どこの出身なの？」と尋ね、彼が答えたあと「あっ、そう。ご苦労さまでしたねえ」とただそれだけを述べてさっと次の人の前に移った。そして次の老人に対してもまったく同じ仕草・せりふで、同じ応対を繰り返したという。

牛島は、皇太子から言葉をかけられた日系人の老人たちが何時間も前から待たされ、皇族を迎えるための予行練習を炎天下で何度もさせられていたことを指摘する。彼はそれ以上は述べないものの、そのような状況にあった日系人の老人たちに対して定型的な応対しかとれなかった皇太子への批判的な眼があることはたしかであろう。

このエピソードからは、皇太子が一人一人の人々に対応することの意義自体は充分に認識しているものの、それが個別的なものにはなっていない、当意即妙の応対をとることができていない状況がわかる。皇太子が現在のような形で国民に応対していくには、今しばらくの時間が必要であった。

一方で度重なる外遊経験は、戦前の日本の行為に対する反省の念を皇太子夫妻に抱かせることになったのではないだろうか。一九七四年、四十一歳の誕生日を前にした記者会見で明仁皇太子は次のように話している。

〔昭和の〕五〇年間にはいろいろなことがありましたが、陛下の中に一貫して流れているのは憲法を守り、平和と国民の幸福を考える姿勢だったと思います。昭和の前半の二十年間はそれが生かされず、多くの人命を失い、日本の歴史の中でも悲劇的な時期でした。……終戦直後よくいわれていた平和国家、文化国家という言葉は私達の世代のものに懐かしい響きがあります。これをもう一度かみしめてみたい（一九七四年十二月十八日記者会見、薗部前掲『新天皇の自画像』）。

この記者会見では『木戸幸一日記』（戦時中の天皇の側近である木戸幸一内大臣の日記）を読んでいることも記者から問われ、戦前の歴史は「不十分な知識でやるのは良くない」「今後とも原資料は機会があるごとに見ていきたい」と発言しており、戦争の問題に関心をもち、自ら調べていること、そしてこうした経験から戦後日本の平和があることを皇太子が強く意識していたことがわかる。

皇太子は敗戦直後の若かりしころ、「ずいぶん父親批判」をしていたという。それは、戦争を導いてしまった、そして敗戦を迎えてしまった昭和天皇に対する批判であった。しかし、「『木戸日記』とか『近衛日記』を読んで、苦しんでるオヤジが分かったんですね。それから変化してこられたようです」（牛島前掲『ノンフィクション 天皇明仁』）という学友の橋本明の証言にもあるように、史料を読み学ぶにつれ、君主としての悩みも理解できるようになったのである。

こうした戦争への認識や天皇としてのあり方への思考は、現在の明仁天皇・美智子皇后の行動や思想の原型ともいえるようなものではないだろうか。

次期象徴天皇として

昭和天皇が敗戦後も首相や閣僚から政務状況などについて内奏を受けていたことはよく知られている。その場に皇太子が同席することもあった。天皇は政治家との交流を積極的に皇太子に見せ、次期天皇としての意識を高めさせようと考えていたのではないか。いわゆる「帝王教育」である（後藤致人『内奏』中公新書、二〇一〇年）。『佐藤栄作日記』（第一～第六巻、朝日新聞社、一九九八～一九九九年）にはまた、佐藤栄作首相が皇太子に対して外交や政治状況を含めてその様子を報告している状況も記されている（例えば一九六六年八月十四日条など）。皇太子はベトナム戦争についてとくに関心が高かったという（『佐藤栄作日記』一九六七年十月二十五日条）。こうした保守政治家との親交のなかで、皇太子は戦後政治における天皇の位置づけを実感し、象徴天皇としてのあり方を学んでいく（後藤致人『昭和天皇と近現代日本』吉川弘文館、二〇〇三年）。

例えば、象徴天皇としてのあり方を記者から尋ねられた皇太子は次のように答えている。

立場上、ある意味ではロボットになることも必要だが、それだけであってはいけない、その調和がむずかしい。

憲法上、直接の警告、指導はできないが、人に会う機会が多いので、そのつど問題を質問形式で取り上げ、（問題点に）気付いてもらうようつとめています（一九六九年八月十二日記者会見、薗部前掲『新天皇の自画像』）。

象徴は政治的な発言をすることはできない。しかし、ただ聞いていればいいというものでもない。そのバランスをどうとるのか。皇太子は質問の形式をとることで、自分に話をしている人が気づくようにしていると述べている。天皇も下問という形で自らの意見を内奏の場で表明していたことは知られている（後藤前掲『内奏』など）。皇太子もそれを実地で学び、そうした方法を自らも実践していたのである。

政治家との交流を通じて、当時問題になっていた公害問題についても関心を高めていく。先の質問形式について答えた記者会見でも、公害問題を例に出し、工場視察の際には「いろいろ質問して、注意を喚起するようにしておきました」と述べている（前掲一九六九年八月十二日記者会見、薗部前掲『新天皇の自画像』）。皇太子が重要産業・先端科学の現場として工場を視察することはあった。そうした場において、現場の人々に公害問題を注意喚起するというのである。

またそれから三年後の記者会見において、公害問題について記者から尋ねられ、「公害問題は基礎調査が大事」であると述べて、その必要性をかなり詳細に回答している（一九七二年八月十日記者会見、薗部前掲『新天皇の自画像』）。皇太子はそれについて知識を得、関心をもっていたことがわかる。

政治家との交流を通じて、皇太子はそのときに日本が抱えていた問題を認識することができた。そして、次第に次期象徴天皇としての自覚を有していくのである。

沖縄への関心

佐藤栄作首相との関係性のなかで興味深いのが、皇太子の沖縄への関心である。「皇太子殿下に記帳に参入した処特に御招きあり、約一時間これ亦沖縄問題中心に報告」(『佐藤栄作日記』一九六七年十一月二十一日条)との記述を佐藤は日記に記しており、沖縄返還交渉過程を気にしていた皇太子は、わざわざ佐藤を招き情勢について報告を受けていた。

皇太子はのちに、一九六三年(昭和三十八)に本土と沖縄の小中学生の代表が相互訪問する「本土沖縄豆記者交歓制度」で、沖縄からやって来た豆記者と会い、それが沖縄への関心をもちつづける刺激になったと述べている(一九七五年八月二十六日記者会見、薗部前掲『新天皇の自画像』)。外遊において戦争の記憶に触れてきた皇太子は、返還前の沖縄にも関心を持っていたのである。一九六八年には東京日本橋で開催された「これが沖縄だ」展を見学、沖縄戦について知る機会を得た(『朝日新聞』一九六八年四月二十六日夕刊)。その後、沖縄学研究者であった外間守善法政大学教授などからたびたび進講を受け、「おもろそうし」などの琉球文化を学んだ(外間守善「琉歌四十首のノート」『諸君』二〇〇八年七月号)。このようにして、皇太子は沖縄戦や沖縄文化について自ら知ろうとしたのである。

沖縄は一九七二年五月、日本に復帰する。一九七五年、皇太子は本土復帰記念事業として行われた沖縄国際海洋博覧会の名誉総裁に就任、開会式に出席するために皇太子夫妻は沖縄を訪れることになった。とはいえ、沖縄戦とその後続いた米軍による占領経験から、沖縄における天皇制への忌避感は激しかった。沖縄では、皇太子来県反対の運動が広がっていたのである（『朝日新聞』一九七五年五月二十三日・七月八日など）。

皇太子自身は沖縄訪問になみなみならぬ意欲をもって取り組んでいた。当初の訪問予定は博覧会会場だけで沖縄戦の南部戦跡は入っていなかったが、自らの希望で訪問場所に組み込まれた。外間は訪問にあたって、「何が起こるかわかりませんから、ぜひ用心して下さい」と言い、それに対して皇太子は「何が起きても、受けます」と答えたという（外間前掲「琉歌四十首のノート」）。皇太子も沖縄での反対運動を受け、皇族である自らの訪問が沖縄にとって相当の意味合いがあることを熟知していたのである。

ひめゆりの塔事件

皇太子夫妻は七月十五日、沖縄を訪問した。そして十七日にひめゆりの塔を訪れた際、過激派が火焔瓶を投げつけた。いわゆる「ひめゆりの塔事件」である。火焔瓶を投げたうちの一人である知念功は、皇太子夫妻の沖縄訪問が戦前から継続する沖縄への差別を解消するためのものだと認識し、反対するために行動したのだと述べる（知念功『ひめゆいの怨念火』インパクト出版会、一九九五年）。このように、沖縄における天皇制への反発はいまだ大きかった。

この事件後も予定されていたスケジュールはそのまま続行されたが、この事件は皇太子夫妻に大きな印象を与えたものと思われる。その日の夜には談話を発表し、「一人ひとり、深い内省の中にあって、この地に心を寄せ続けていくこと」を訴えかけた（『朝日新聞』一九七五年七月一八日）。皇太子はその後、八月の記者会見でも「本土と沖縄は、戦争に対する受けとめ方が違う」と述べたほか、沖縄からの反応を「あるがままのものとして受けとめるべきだと思う」と発言した（一九七五年八月二十六日記者会見、薗部前掲『新天皇の自画像』）。沖縄と天皇制と戦争、それらが切っても切り離せないことを彼らは認識し、それを受けて考える必要性を感じたものと思われる。また、「沖縄の歴史は心の痛む歴史であり、日本人全体がそれを直視していくことが大事です。避けてはいけない」「これからも機会があれば何回も行きたい」とも述べている（一九七五年十二月十六日記者会見、薗部前掲『新天皇の自画像』）。皇太子の沖縄への関心は事件によってより深まったといえる。

天皇になっても沖縄への姿勢は変わらなかった。二〇〇三年（平成十五）年の記者会見での次の発言が注目される。そこには、自らを十六世紀初頭に琉球を侵攻した島津氏の血を受け継ぐ者とする姿勢が見える（母・香淳皇后の生母が薩摩藩主家島津忠義の娘）。

沖縄県と言いますと、私どものまず念頭にあるのは沖縄島そして伊江島で地上戦が行われ非常に多くの、特に県民が、犠牲になったということです。この度もそういうことでまず国立沖縄戦没者墓苑に参拝することにしています……ここで五八年前に非常に多くの血が流されたということを常に考えずにはいられません。沖縄が復帰したのは三一年前になりますが、これも日本との平和条約が発効してから二〇年後のことです。その間、沖縄の人々は日本復帰ということを非常に願って様々な運動をしてきました。このような沖縄の人々を迎えるに当たって日本人全体で沖縄の歴史や文化を学び、沖縄の人々への理解を深めていかなければならないと思っていたわけです。私自身もそのような気持ちで沖縄への理解を深めようと努めてきました。私にとっては沖縄の歴史をひもとくということは島津氏の血を受けている者として心の痛むことでした。しかし、それであればこそ沖縄への理解を深め、沖縄の人々の気持ちが理解できるようにならなければならないと努めてきたつもりです。沖縄県の人々にそのような気持ちから少しでも力になればという思いを抱いてきました（宮内庁ＨＰ）。

人気のない皇太子

こうした皇太子・美智子妃の思想と行動を見ると、現在の姿と変わらないように見える。しかしはじめにでも述べたように、この時期の象徴天皇制に関する人々の感情で最も多いのが「何とも感じず」であった。なぜなのだろうか。

ひとつの手がかりになると思われるのが、ジャーナリストの児玉隆也が一九七三年（昭和四十八）に執筆した「皇太子への憂鬱」である（児玉隆也「皇太子への憂鬱」『現代』一九七三年九月号、のちに児玉隆也『この三十年の日本人』新潮文庫、一九八三年に収録）。このとき、明仁皇太子は四十歳になっていた。タイトルの「憂鬱」とは、「やがて、彼を〝象徴〟と呼ぶ日の憂鬱」という。児玉はそれを「いらだち」とも表現する。

児玉はこのなかで、「皇太子には魅力がない」という意見を紹介し、皇太子は「〝妻の持参金〟で食べている。だが、その〝貯金〟はもうなくなりかけていることに、周辺は気づいていない」と手厳しく批判している。妻の持参金、つまり美智子妃の人気でこれまでは保っていたがブームもすでに過ぎ去っており、皇太子自体に魅力がないためにそれが象徴天皇制の「地盤沈下」に繋がっていると児玉は見ていた。また児玉は、魅力のなさの原因に「皇太子の女性週刊誌的疑似庶民像」を挙げている。女性週刊誌を中心としてミッチー・ブームが起きたこと、またそうしたメディアを中心に、近代的家庭像のモデルとして皇太子一家が消費され、国民に受容されたことを批判するのである。

そして児玉は、「天皇には奇妙な魅力がある」としつつ、皇太子は「単なる「息子」」と指摘する。天皇には、苦労や時代の波を乗り越えてきたという基盤が見えるからだという。ではなぜ皇太子は人気がないのか。前述したような皇太子の思想と行動からは、彼が律儀で真面目な性格であることはわかる。しかしそれでは、「日本に一人しかいない人間」としてのセックスアピールに欠け、律儀さと真面目さだけで国民を魅了するには「まだ若すぎる」、今は「若年寄」にすぎないと児玉は強調した。

こうした皇太子に人気がないという見方は、児玉だけではなく一定の広がりを見せていた。一九八〇年代には高齢の天皇を退位させて皇太子を天皇にするという動きが政界にあったようである（牛島前掲『ノンフィクション　天皇明仁』）。しかしそれは頓挫した。その理由のなかに、皇太子にはあまりに人望がないというものもあったという。牛島秀彦は、これは「天皇は現人神であるべきだ」と主張する側からの声で、皇太子はクエーカー教徒（つまり異教徒）であるヴァイニングに教育されたこと、よりによって「平民」の娘と「俗悪な恋愛」をして結婚したことが理由となっていると述べる。たしかに保守的な層からすれば、そうした側面はあったと思われる。しかし、ミッチー・ブームを支えた国民からも人気がなくなってしまったことの意味を考えると、児玉の論のほうが示唆に富む。つまり、皇太子は昭和天皇のように権威を感じさせないがゆえに人気がなく、かといって一九五〇年代はじめに青年として登場してきたような清新さもなく、その思想と行動も年相応ではないと、長い皇太子時代には見られていたのである。

乖離するイメージと実態

一方、児玉隆也は皇太子に若干の同情も寄せる。皇太子の性格は育てられた環境の影響もあるという。少年期・青年期と孤独な環境で育ち、敗戦という時代が変化するなかで、「なんとか自分で環境を創りあげなければいけない。戦後民主主義の集団の中で、自分を律していかなければならない」という、自律思想への努力と、それは新しい皇室の継承者として自分を鍛えていくはずだという夢」をもっていったと児玉は見る(児玉前掲「皇太子への憂鬱」)。しかし、宮内庁の体質がそれを許さなかった。それゆえに差し障りのない対応をとり、皇太子の意識は果たされず、しかも国民からも見えなくなってしまう。結果として、不人気・無関心の層が広がっていったのだと指摘した。

では、どうしたらよいのか。児玉は右翼の大物で政財界のフィクサーとしても知られた児玉誉士夫《よしお》にインタビューを試み、彼の次のような言葉を掲載している。

皇太子は、時代がかくも早いテンポで流れているというのに、何故その時代の最大の関心事を自分の目でたしかめようとはせぬか。水俣病患者に会いなさい。右翼、左翼といわれる若者に会いなさい。皇太子が、国民にとけこみ、正常な時代感覚を身につける、それが天皇制を守る唯一の方法だ。

いつかあなたが、水害地を視察している写真を見た。あなたは、背広にネクタイ、皮靴をはいていた。こんな姿で、泥水の中の民衆の心をつかめるとお思いか。なぜゴム長靴にジャンパーを着ぬ。なぜ、その服を泥に汚さぬ。

現在の明仁天皇の姿を児玉誉士夫が見たらどう思うだろうか。ここで彼は、国民とともにある天皇の姿を理想化し、現状はそうなっていない明仁皇太子の状況を批判した。

ここで述べられている水害地の視察とは、一九五九年（昭和三十四）に伊勢湾台風の被災地を訪問したときのことを述べているものと思われる。皇太子はこのとき、児玉のいっているのとは異なり、ゴム長靴を履いて被災地を訪問したが、マスメディアは必ずしも好意的には報じなかった。皇太子に対して無関心な人々も多く、その見舞いでは被災者には何も望めないと考えられたのである（森前掲「ミッチー・ブーム、その後」）。皇太子自身は記者団に「ただただ痛ましい気持ちでいっぱいです」と述べ、被災者に同情するものの（薗部前掲『新天皇の自画像』）、その気持ちは伝わっていなかった。

児玉隆也のこの文章は、皇太子が年齢的に若さも権威も感じさせないという側面を指摘したものであった。その意味では物理的にその解決方法はなく、年が過ぎ去るまでは「皇太子への憂鬱」は継続する。しかし、宮内庁の旧来的な対応を打破できず、自らの考えや思考をアピールできていない側面をも強調しており、第二章で述べた『孤獨の人』にも通底する論理を有していた。それは皇太子の奮起を促そうとしたともいえるだろうか。それゆえに、児玉誉士夫の言葉を引用して、皇太子が国民とともに歩むことを積極的にアピールするよう強調したのだろう。それは即位後になって実現する。ただしこの時期はいまだ、「何とも感じず」という無関心層が多数を占めていた。

第四章　新天皇の意志

天皇に即位

一九八九年（昭和六十四）一月七日、昭和天皇の死去を受けて、皇太子明仁親王は天皇に即位した。翌日には元号が平成となった。

明仁天皇は、即位後の朝見の儀において、「国民とともに」「世界の平和を」という文言の入った「お言葉」を、口語体の「です・ます調」で発表した。このこともあり、国民に語りかけるような態度で、時代が変わったという印象を与えることとなった。新しい天皇制を予感させたともいえる（『読売新聞』一九八九年一月九日夕刊など）。マスメディアはこれを大きく扱った。

またその年（平成元）の八月四日に行われた記者会見のなかで、「憲法に定められた天皇の在り方を念頭に置き、天皇の務めを果たしていきたいと思っております。国民の幸福を念じられた昭和天皇を始めとする古くからの天皇のことに思いを致すとともに、現代にふさわしい皇室の在り方を求めていきたいと思っております」と述べた（一九八九年八月四日記者会見、宮内庁前掲『新装版　道　天皇陛下御即位十年記念記録集　平成元年~平成十年』）。日本国憲法とともに自身があること、歴代の天皇から学ぶこと、そして現代に応じた新しい皇室像を模索することを提起したのである。その後、象徴天皇制は国民との関係性をより重視した「開かれた皇室」といわれる路線を進むことになる。こうしたスタイルが「平成流」の象徴天皇制と呼ばれることもあった。

こうした路線はマスメディアでも歓迎された。「開かれた皇室をぜひ　タブーなくし伝統継承を」という見出しを掲げた記事（『読売新聞』一九八九年一月十日）などは、新しい天皇の即位によって、これまで以上に象徴天皇制が国民とともに歩むことを求めたものといえるだろう。天皇の言葉や態度を受け、国民の意識もそれに共感を寄せていく。『読売新聞』が実施した世論調査によれば、明仁天皇の言葉や振る舞いをどう評価しているのかについて尋ねたところ、「非常に」と「多少は」を合わせ「好感を持っている」は六七パーセント、「あまり」と「全く」を合わせて「好感を持っていない」は六パーセント、

「関心がない」は二四パーセント。国民の三分の二は好感を持って見ていたことがわかる(『読売新聞』一九九〇年一月六日)。新しい天皇の言動は国民の支持を得ていたのである。

「国民と苦楽をともにする」

明仁天皇は、国民と象徴天皇制との関係を天皇になってから思考したわけではなかった。すでに皇太子時代からそうしたメッセージをたびたび発信していた。一九七〇年(昭和四十五)に大阪万博の会場を訪問したのち、記者から外国館で握手を求められたりした光景から、「ああした交流がこれからの皇室と国民との間に生まれることが望ましいのではないでしょうか」と尋ねられ、皇太子は次のように答えている。

国民と皇室との結びつきを緊密にすることは望ましいと思います。しかし、それではどうするかについては、それぞれの立場があり、研究の必要があると思います(一九七〇年九月二十四日記者会見、薗部前掲『新天皇の自画像』)。

結びつきを緊密にすることは望ましいとしつつ、単純に近づけることでもないと示唆している。その後も皇太子はさまざまな経験を経るなかで、次第に国民と象徴天皇制との関係性を明確にしていく。とくにその言葉からは、天皇制の歴史を自身で学んでいる様子がわかる。

日本の皇室は、長い歴史を通じて、政治を動かしてきた時期はきわめて短いのが特徴であり、外国にはない例ではないかと思っています。

政治から離れた立場で国民の苦しみに心を寄せたという過去の天皇の話は、象徴という言葉で表わすのに最もふさわしいあり方ではないかと思っています。私も日本の皇室のあり方としては、そのようなものでありたいと思っています（一九八四年四月六日記者会見、薗部前掲『新天皇の自画像』）。

ここで皇太子は、天皇制とは不執政の歴史であると説く。こうした主張は、象徴天皇制を根拠づける論理として、敗戦直後より展開されてきて今日に至っている（河西前掲『天皇制と民主主義の昭和史』など）。そうした天皇制に関する歴史研究を皇太子は学び、皇室と国民との関係性を思考してきた。そして象徴という地位こそがそうした歴史的なあり方としてふさわしいのではないかとも述べている。

また、一九八六年に『読売新聞』に寄せた質問書への回答には、歴代の天皇について、より具体的に次のように記している。

天皇が国民の象徴であるというあり方が、理想的だと思います。天皇は政治を動かす立場になく、伝統的に国民と苦楽をともにするという精神的立場に立っています。

このことは、疫病の流行や飢饉に当たって、民生の安定を祈念する嵯峨天皇以来の天皇の写経の精神や、また、「朕、民の父母と為《な》りて徳覆うこと能《あた》わず。甚だ自ら痛む」という後奈良天皇の写経の奥書などによっても表されていると思います（『読売新聞』一九八六年五月二十六日）。

ここで、歴代の天皇の姿が具体的に参照されている。古代中世の天皇について言及し、その事績に触れ、それこそが「天皇が国民の象徴であるというあり方」に一致していると見ていたのである。そして、国民との関係性は「苦楽をともにする」ことだと述べた。こうした考え方が、先述した天皇に即位したときの言葉となって結実したのだろう。皇太子時代より学んできた歴史によって考えたことが、天皇となったときの国民との関係性として言及されたのである。

「不幸な一時期」報道

即位後、明仁天皇は皇太子時代にひきつづき、積極的な皇室外交を展開していった。中国の李鵬首相が一九八九年（平成元）四月に来日する。これは前年に竹下登首相が訪中したときに招待しており、たまたま新しい天皇になって来日が実現した。外務省は李首相の来日決定後、会見の際に天皇が日本の戦争責任問題についてどのような発言をするかについての検討も始めていく（『読売新聞』一九八九年三月十四日）。そして、東西冷戦も終焉を迎え、「緊張緩和が進んで世界の外交が大きな転機に差しかかっている」状況や、日本が昭和から平成へと時代が移り変わったことを踏まえ、「『新時代』にふさわしい、明るい両国関係の未来を展望した」言葉を天皇が発することで決定する（『朝日新聞』一九八九年四月十二日）。明仁天皇は李首相と会った際、日中間に「不幸な一時期」があったと発言したという。これは、一九七八年（昭和五十三）に鄧小平副首相が来日した際に昭和天皇が述べた言葉を踏襲したものであった（『読売新聞』一九八九年四月十四日）。会見に同席した安倍勲宮内庁式部官長は、天皇の「お言葉」の具体的内容には言及せず、「いつも感じておられる日中間の過去の歴史についての真情、ないし気持ちを述べられた」という「要約」を記者団に発表した（『朝日新聞』一九八九年四月二十日）ため、当日のマスメディアは先の「不幸な一時期」という発言内容で報道した。

ところが、李首相は会見翌日の記者会見のなかで、天皇から「『両国は長い歳月においてて、太古から交流があり、関係も良好ですが、近代において不幸な歴史があったことに対して遺憾の意を表します」とのお言葉があった」と述べた（『読売新聞』一九八九年四月十五日）。つまり、天皇から「遺憾の意」が示されたというのである。「不幸な一時期」に比べると、その内容はかなり踏み込んでいることがわかる。前者が客観的なのに比べ、後者はそれに対する意思が示されているからである。これに対し安倍式部官長は、「否定も肯定もしない」と発言した（『朝日新聞』一九八九年四月十五日）。

なぜ宮内庁はそのような態度を取ったのだろうか。天皇の発言が政治利用されることを恐れた、旧態依然の宮内庁の体質を指摘する声もあった（前掲『朝日新聞』一九八九年四月二十日）。この時期も日中間には戦争責任をめぐる問題は横たわっていた。代替わりにともなって竹下首相は、昭和天皇の戦争責任を否定するような「謹話」を発表し、中国などから反発を浴びていた。そこで明仁天皇が「遺憾の意」を示したともなれば、大きな問題としてクローズアップされることが予想された。それゆえに宮内庁は、発表しなかったのではないか。しかし、安倍式部官長は否定もしていない。天皇自身はのちに記者からこのことについて聞かれ、「残念に思いますということを言ったように記憶しています」と答えている（一九九二年十月十五日記者会見、宮内庁ＨＰ）おそらく、外務省などで決められた「お言葉」の原案にはそうした表現がなかったが、「遺憾」もしくは「残念」といった類いの言葉を、天皇自身が発したのではないだろうか。だからこそ、安倍は否定も肯定もできなかったのである。

日本側の責任に言及

その後、一九九〇年五月に盧泰愚《ノテウ》韓国大統領が来日することが決定する。そこで再び、天皇の「お言葉」が注目されることとなった。韓国側からは昭和天皇のときよりもより踏み込んだ天皇の発言が求められた（『朝日新聞』一九九〇年五月十一日）。具体的には、「遺憾の意」だけではなく、遺憾であった理由、その原因が日本側にあること、そしてはっきりと「謝罪の意」を表明することなどを韓国側は求めたという（渡辺治『日本の大国化とネオ・ナショナリズムの形成』櫻井書店、二〇〇一年）。外務省内にはこれを飲み、日韓における戦争責任問題に最終決着を図ろうとする動きもあったようである。また「お言葉」の内容をめぐる状況のなかでは、自民党を含めた保守的なグループからの巻き返しもあった。しかし最終的には、日本側の責任を明確にした「お言葉」を述べることが決定する。そして五月二十四日の盧大統領との会見で、次のような「お言葉」が明仁天皇から発せられたという。

朝鮮半島と我が国との長く豊かな交流の歴史を振り返るとき、昭和天皇が「今世紀の一時期において、両国の間に不幸な過去が存したことは誠に遺憾であり、再び繰り返されてはならない」と述べられたことを思い起こします。我が国によってもたらされたこの不幸な時期に、貴国の人々が味わわれた苦しみを思い、私は痛惜《つうせき》の念を禁じえません（『朝日新聞』一九九〇年五月二十五日）。

このなかで天皇は、「我が国によってもたらされた」と日本側に責任があること、また「痛惜の念」（苦痛に思っているという意味）という強い言葉を述べたのである。マスメディアはこれを「曲折経て明確な表現に／日本の責任を明示」と好意的に報道しつつ、「痛惜」という言葉には反省の意が含まれるか否かといった曖昧さがあり、今後も問題を残すのではないかと見ていた（『朝日新聞』一九九〇年五月二十五日など）。また渡辺治が指摘するように、この盧泰愚韓国大統領訪日時の「お言葉」をめぐって、明仁天皇自身が直截な「謝罪」の言葉を望んでいるという説が流れ、政府自民党内で信じられた点は重要であろう（渡辺前掲『日本の大国化とネオ・ナショナリズムの形成』）。それは、それまでの皇太子時代の言動や先の李鵬首相来日時の発言など、戦争の記憶に積極的に触れている明仁天皇の姿があったがゆえに、そう思われたのである。そしてそれが、のちに明仁天皇の進める方針を批判する傾向へと繋がっていく。

継続する皇室外交

その後、天皇は一九九一年九月から十月にかけてタイ、マレーシア、インドネシアの東南アジアを、翌年十月には中国、一九九三年九月にはイタリア、ベルギー、ドイツのヨーロッパ、九四年六月にアメリカ、十月にフランス、スペインと再びヨーロッパを訪問している。昭和天皇のときが、ヨーロッパとアメリカの外遊二回だったのに比べれば、その訪問ペースはかなり早く、積極的に行動していることがわかる。

天皇はそうした訪問国で「お言葉」を発した。そのなかで、アジア・太平洋戦争の記憶に関する問題や平和の問題にも触れている。「お言葉」の原案は外務省内で作成されるが、政府内でも検討され、宮内庁を経て最終的には天皇が筆を入れるため、そこに明仁天皇の意思が入ることがある。原案がほとんど原形をとどめないくらいに天皇が修正することもあるという。『朝日新聞』の皇室記者であった岩井克己によれば、天皇の「お言葉」は、対等の交戦国であるイギリス、アメリカ、日本が攻め入って大きな犠牲を生んだ中国、植民地支配をした韓国、と表現を使い分けている（岩井克己『天皇家の宿題』朝日新書、二〇〇六年)。天皇自身がアジア・太平洋戦争についてどのように認識しているのか、「お言葉」からはそうした天皇の意思を読み取ることができるだろう。

中国訪問をめぐる動き

一九八九年(平成元)四月の李鵬首相訪日時、会見で天皇の中国訪問が要請された。明仁天皇も政府間の協議に任せるとの返答をし、訪問に前向きな姿勢を示した(『読売新聞』一九八九年四月十三日夕刊など)。平成の新しい時代に入り、日中の新たな友好関係を示す象徴として、明仁天皇の訪中が現実化しはじめたのである。

ところが六月、北京で天安門事件が起こる。民主化を求めていた学生を武力で弾圧した中国政府に対する国際世論の評価は厳しく、日本も対中借款停止などの外交制裁を実施した。中国は国際的に孤立したのである。こうした環境下では天皇の訪中は困難なように思われたが、中国側は天皇訪中を契機に事態の打開を図ろうとし、また日本との関係改善によってODA援助や日本企業の投資を促そうとしたのである。日本側も、中国との戦後処理を行って経済的な進出を図り、政治大国としての独自外交の展開を狙っていた。先進諸国のなかで最も早く関係改善に乗り出したのである。そしてそのための決め手が、天皇の訪中であった（渡辺前掲『日本の大国化とネオ・ナショナリズムの形成』）。こうして両者の思惑が一致し、天皇訪中が実現に向かうことになる。

ところが一九九〇年代初頭のこの時期、日中関係はかなり冷え込んでいた。戦時中の中国人強制連行への補償問題や慰安婦問題が取り上げられ、尖閣諸島などの領土問題も起きていた。日本国内においても、こうした問題を取り上げる中国への反発は大きかった。このような状況もあり、保守層のなかでは天皇が中国を訪問し、戦争責任について「謝罪」することを懸念する動きが高まっていく。それによって、先ほど述べたような問題で中国側にイニシアティブをとられることを恐れたグループが存在したのである。それまでの天皇の「お言葉」を見れば、中国を訪問した際、天皇が「お言葉」のなかで戦争の記憶について触れることは予想されたからである。そして自民党内でも天皇訪中への慎重論が噴出する。国内では反対論も数多く見られた。政府はそれを抑え、一九九二年十月の訪中を決定していく。出発に際して、天皇は記者団に次のように述べた。

日本と中国は、古くから平和に交流を続けてきましたが、近代において、不幸な歴史がありました。戦後、日本は、過去を振り返り平和国家として生きることを決意し、世界の平和と繁栄に努めてきました。この度、国交正常化二〇周年の機会に中国を訪問することになりましたが、これを契機として、日本が世界の平和を念願し、近隣の国々と相携えて、国際社会に貢献しようと努めている現在の日本が理解され、相互信頼に基づく友好関係が増進されことを願っております（前掲一九九二年十月十五日記者会見、宮内庁HP）。

ここで天皇は、日中間の古くからの交流の歴史に言及している。しかもこの答えのあと、自身は中国の古典などから学んできたものが多いことにも触れ、その交流親善が重要であることを強調した。また、近代において「不幸な歴史」があったこと（この会見で天皇はこの文言を二回使用している）にも言及している。訪中をめぐる動きのなかでは、天皇自身が訪中を望んでいるという声も挙がっていた（岩井前掲『天皇家の宿題』）。そのため、天皇が会見で戦争の問題に触れたことは、天皇が中国に対して「謝罪」を自らしたがっていると反対派に思わせることにも繋がったのではないだろうか。

天皇は中国を訪問した際、「両国の関係の永きにわたる歴史において、我が国が中国国民に対し多大の苦難を与えた不幸な一時期がありました。これは私の深く悲しみとするところであります」との「お言葉」を発した。これは外務省内で原案を作成し、最終的には天皇が筆を入れたものであった（服部龍二『外交ドキュメント 歴史認識』岩波新書、二〇一五年)。このように、「お言葉」においてアジア・太平洋戦争に関する記憶の表明する天皇の姿が、この時期に定着していくことになる。

被災地への見舞い

一九九〇年（平成二）十一月、長崎県雲仙普賢岳が噴火し、翌年五月には土石流、六月三日には火砕流の被害もあり、住民は避難を余儀なくされた。火砕流では死傷者・行方不明者が出る惨事となった。明仁天皇は山本悟侍従長を通じて高田勇長崎県知事におくやみと見舞いの電話をかけた（『読売新聞』一九九一年六月五日)。その後、噴火は継続していたが、天皇・皇后の希望で、被災者を見舞うため、七月十日に日帰りで長崎県を訪問することが決定する。天皇による被災地訪問は、一九八七年（昭和六十二）に噴火がおさまったあとの伊豆大島を昭和天皇が視察した例はあったが、災害が継続している最中に直接見舞うのは戦後初めて（『読売新聞』一九九一年七月五日）で、明仁天皇自身が被災地を訪れるのも前述の伊勢湾台風のとき以来であった。

明仁天皇は皇太子時代も記者会見のなかで、伊豆大島の三原山の噴火とそれにともなう全島民の避難を心配している（一九八六年十二月十七日記者会見、薗部前掲『新天皇家の自画像』)。被災者について思いを寄せることは天皇になってからではなかった。

この訪問に際しては、「防災服などの簡素な姿で、陛下専用車も使わず、県の車を使って移動される。現地でも奉迎行事は準備せず、警備も最小限の交通規制にとどまる予定。被災者の気持ちを大事にしようと考えた異例ずくめ」と、被災者・被災地の状況を配慮した天皇・皇后の姿が報道された。「ありのままの雲仙を見ていただきたい」という状況だったという(『読売新聞』一九九一年七月九日夕刊)。このような訪問のスタイルは、天皇・皇后自身が望んでいたことと伝えられていく。

そして当日、天皇・皇后は仮設住宅や避難所を訪れ、膝を突き被災者一人一人に目線を合わせ声をかけた(『朝日新聞』一九九一年七月十日夕刊)。その様子は、第三章で紹介したような皇太子時代の定型的な応対とは異なり、被災者それぞれの言葉に対して異なった言葉で声をかけるものであった。そうした様子は次のように伝えられた。

温かいまなざしと優しいお言葉で、雲仙・普賢岳の火山災害被災者の傷心をいやされた天皇、皇后両陛下。十日の島原半島へのお見舞いは戦後初めて災害のさなかの被災地ご訪問だったが、国民とともにある「平成天皇」のお姿を象徴するように、両陛下は住民の中にお入りになった。中でも皇后さまの子供たちへのご愛情あふれる心遣いは、島原半島に久しぶりの笑顔をよみがえらせた（『読売新聞』一九九一年七月十一日）。

こうした被災地への見舞いは、「開かれた皇室」路線の一環と認識されたのである。昭和天皇の時代から天皇制が変わったことを象徴する取り組みとなった。その後も、一九九三年七月には北海道南西沖地震の被災地である奥尻島を天皇・皇后は訪問し、被災者への見舞いをしている。

一九九五年一月十七日、兵庫県を中心とした阪神・淡路大震災が発生した。天皇は雲仙普賢岳のときと同様に、侍従長を通じて貝原俊民兵庫県知事におくやみと見舞いの電話をかけた。また、関係省庁の大臣や官僚、県の担当者から内奏・説明を受け、被害状況などの把握に努めていた（後藤前掲『昭和天皇と近現代日本』）。かなり頻繁にそうした機会があったようで、天皇が被災地に関心を寄せていたことがわかる。一月二十日の国会開院式の「お言葉」では、「今次の地震による被害は、きわめて甚大であり、その速やかな救済と復興は現下の急務であります」と述べ、震災被害に取り組むことが政策課題であると国会で強調したのである。これはかなり異例の言葉であった。

天皇・皇后は一月三十一日に兵庫県を訪問し、被災者を見舞ったほか、ボランティアなどを激励した（『朝日新聞』一九九五年一月三十一日夕刊）。平成に入って、日本国内では災害が頻発しており、天皇・皇后はその後も各被災地を訪問し、被災者を見舞っていくようになる。そしてこれは、「開かれた皇室」の一環と見られていった。また、地下鉄サリン事件など多くの世情不安な出来事が頻発する時期にあって、天皇・皇后の見舞いは被災者への「癒やし」として歓迎されていくことになる。

戦後五十年にあたって

一九九五年（平成七）はアジア・太平洋戦争の終結から五十年目の年にあたった。明仁天皇・美智子皇后は、その前年の二月十二日から三日間、小笠原諸島を訪問する。日米合わせて約二万七千人が戦死した硫黄島にまず向かい、アジア・太平洋戦争の日本軍戦没者を祀る天山慰霊碑と、日米軍人や島民らすべての戦没者を祀る鎮魂の丘の慰霊碑を訪れた。その間に、島民の戦没者を祀る慰霊碑の建つ島民墓地でも車を止めて車内から拝礼したという（『朝日新聞』一九九四年二月十三日）。そしてその夜、「祖国のために精魂こめて戦った人々のことを思い、また遺族のことを考え、深い悲しみを覚えます。今日の日本が、このような多くの犠牲の上に築かれたものであることに深く思いを致したく思います」との感想を侍従を通じて明らかにした。激戦地である硫黄島を天皇が訪問するのははじめてであった。天皇はのちに詳しく述べるように、戦後の日本社会の「平和と繁栄」は戦争の犠牲者のうえに成り立っているという認識を強く有していた。それゆえ、戦後五十年の機会に硫黄島を訪問し、こうした感想が出たものと思われる。

訪問最終日にはまた、「先の大戦では島民の強制疎開、硫黄島での島民を含む二万人近くの日本軍の玉砕、返還までの二十年以上にわたる多くの島民の島を離れての厳しい生活があり、島の人々に接し、その歴史に深く思いをいたしました」との感想も公表している（『朝日新聞』一九九四年二月十五日）。ここでは、アジア・太平洋戦争においては兵士として亡くなった人々だけではなく、一般の島民などにも被害や困難があり、しかもそれは一九四五年（昭和二十）の敗戦で終わったわけではないと言及し、それを記憶することの意味を強調していた。天皇は誕生日の記者会見でも戦後五十年を迎える心境を聞かれ、「とりわけ戦争の禍の激しかった土地に思いを寄せていくつもりでいます」と答えた（一九九四年一二月二十日記者会見、宮内庁ＨＰ）。積極的に戦争の記憶の問題に取り組む意思を示したのである。

翌年には七月二十六日から二日間で原爆の被害地である長崎・広島を相次いで訪問し、長崎では平和祈念像前で献花後に原爆資料センターと恵の丘長崎原爆ホームを訪問、広島では平和記念公園の原爆慰霊碑に献花して原爆養護ホームで被爆者を見舞った（『読売新聞』一九九五年七月二十七日・二十八日）。このように人々から被害状況やその後の生活・現況について説明を聞き、そして犠牲者を追悼したのである。

そして八月二日には沖縄を訪問、国立沖縄戦没者墓苑に献花して平和の礎を訪れた。翌三日には東京大空襲で亡くなった人々の遺骨が納められた東京都慰霊堂を訪問する。こうした一連の訪問は「慰霊の旅」としてマスメディアでは報道され、遺族との新しい関係性として好意的に伝えられた（例えば『読売新聞』一九九五年八月四日）。天皇が平和を求めて慰霊の旅を続けることは、国民とともに歩もうとする「開かれた皇室」路線の一環とも見る意見もあった。戦争の記憶に取り組む天皇の姿は、その後もマスメディアのなかで少しずつ登場していくようになる。

その年の誕生日の記者会見で、明仁天皇は「深く哀悼の念を感じます。今日の日本が、このような犠牲の上に築かれたことを心に銘じ、これからの道を進みたいものと思います」と述べ、戦争の問題に言及し、そのうえで現在の平和を追求していくことを再び提起した（一九九五年十二月二十一日記者会見、宮内庁前掲『新装版　道　天皇陛下御即位十年記念記録集　平成元年〜平成十年』）。またこの会見で天皇は、以後も激戦地を訪問することも述べており、その動きは継続されていくことになる。そしてこの会見で興味深いのは、「特に今年は、戦後五〇年ということで、これに関係した本に目を通したいと考え、公務に関わる以外のかなりの時間、そういう本を読みつつ、過去に思いを致しました」と述べているように、天皇は常にアジア・太平洋戦争について本を通じて学び、それについての認識を深めている点にあろう。天皇の思考はその後もこうした学びによって深化していく。

明仁天皇はこの年の八月十五日の戦没者追悼式で、「ここに歴史を顧み、戦争の惨禍が再び繰り返されぬことを切に願い」との表現を使用した「お言葉」を発した（宮内庁ＨＰ）。これはそれまでの年にはない文言で、翌年以降の追悼式でも継続していくことになる。また、同じころから宮内庁より公表される天皇の「御製」や皇后の歌にも戦争関係のものが登場する。こうした問題に積極的な天皇・皇后像が次第に浮上してきたといえるだろう。

「開かれた皇室」への反発

これまで述べてきたような天皇・皇后による「開かれた皇室」路線は、順調に進み今日に至ったのだろうか。じつはそうではなかった。それは明仁天皇への直接的な批判ではなく、美智子皇后への批判となってあらわれる。

一九九三年六月、徳仁皇太子と小和田雅子の結婚の儀が行われた。美智子皇后に続く、二代続けての民間出身の皇太子妃の誕生である。帰国子女の外交官という雅子妃の経歴は、男女雇用均等法後の女性の社会進出が目指される日本社会にあって、より新しい皇室像として歓迎された。バブル経済が崩壊し、経済状態が依然厳しいなかで、この「ご成婚」は明るいニュースとして取り上げられたのである。また、「開かれた皇室」路線をより進めるものとして歓迎された。一方、保守的なグループからはより反感を買うことに繫がった（岩井前掲『天皇家の宿題』）。

皇太子・雅子妃の結婚の儀が終了した後、『宝島30』八月号に、大内糺という仮名の宮内庁職員による「皇室の危機」という論文が掲載された。大内（皇居）を糺《ただ》すという仮名が、この論文の内容を端的に示している。「とにかく今、ご皇室は嘆かわしい状況に置かれている」と述べる筆者は、天皇一家の「快楽主義的傾向」によってその権威が乏しくなったと批判する。その傾向の例として、天皇・皇后がテニスなどに明け暮れ、食べ物の好みが激しいこと、そして豪華な御所を建築していることなどを挙げている。また、まるでプライベートのような公務を増加させたために側近が迷惑し、しかも過剰な警備や帰省を天皇・皇后が嫌うため、かえって関係者の負担が増大していると指摘する。そして重要なのは、この論文が、美智子皇后の気性の激しさを詳細に示し、皇后の意向によって皇室内の諸事が決定されている状況をかなり強調して描いている点である。問題は天皇ではなく、すべて美智子皇后が原因であると読者に印象づける書き方であった。

大内は論文のなかで昭和天皇の姿勢を高く評価し、明仁天皇・美智子皇后が進める方針に対しては終始批判的な態度を示した。彼らが模索していた「開かれた皇室」という皇室内の改革・近代化路線に批判的であることは明らかである。その思考が論文発表の根底に存在していたと思われる。筆者は複数の宮内庁関係者・担当記者ではないかと噂された。

相次ぐ皇后批判記事

この『宝島30』の記事よりも前から皇后批判を展開していた雑誌もあった。『週刊文春』である。四月十五日号に「吹上新御所ではらした美智子皇后積年の思い」と題する記事が、『週刊文春』の美智子皇后バッシング報道の始まりであった。美智子皇后は結婚後、皇室のなかで模索を繰り返し、守旧的な勢力からいじめとも言えるほどの仕打ちを受けたことは当時、周知の事実であった（例えばこの『週刊文春』の記事など）。記事は、現在は美智子皇后の「意向は絶対」となり、新御所建設もその象徴であると述べている。ゆえに「積年の思い」を「はらした」との見出しを掲げたのである。

『週刊文春』はこののちも美智子皇后バッシング報道のキャンペーンを展開した。例えば、「美智子皇后のご希望で／昭和天皇が愛した皇居自然林が丸坊主」（九月二十三日号）、「天皇・皇后両陛下は「自衛官の制服」がお嫌い」（九月三十日号）という記事などである。どちらの記事も、美智子皇后の皇室内における権力の強さを強調するもので、その振る舞いに苦言を呈する内容となっていた。そして昭和天皇時代の皇室を理想化し、「開かれた皇室」路線を批判する。しかし明仁天皇への批判はない。天皇という立場上、批判できないのであろう。それゆえに「開かれた皇室」路線の象徴である美智子皇后を批判し、それに歯止めをかけようとしていた。

そして美智子皇后バッシングは他の雑誌でも展開された。『サンデー毎日』一九九三年六月二十七日号もその一つで、『宝島30』の論文よりも前に発売されたにもかかわらず、その内容は酷似していた（篠田博之「マスコミタブー皇室篇　第一一回　皇后バッシング騒動」

『創』二〇一五年一月号)。つまり、『宝島30』と同じグループによって書かれたものであろう。天皇制に権威を求める守旧派が、天皇・皇后に今後「開かれた皇室」路線を展開させないように、皇后バッシングに走ったのである。平成になってからとくに、さまざまな場面で天皇が皇后の意向を尊重し、ともに行動している姿が目立っており、それに対する反発があったものと思われる(岩井前掲『天皇家の宿題』)。

美智子皇后が倒れる

こうした報道が繰り返されることに対し、宮内庁は『週刊文春』や『宝島30』に抗議して反論を試みた(『朝日新聞』一九九三年十月二日、十月二十七日など)。美智子皇后も十月二十日の自身の誕生日を前に、宮内記者会からの質問に対して次のような回答を寄せた。

どのような批判も、自分を省みるよすがとして耳を傾けねばと思います。今までに私の配慮が充分でなかったり、どのようなことでも、私の言葉が人を傷つけておりましたら、許して頂きたいと思います。

しかし事実でない報道には、大きな悲しみと戸惑いを覚えます。批判の許されない社会であってはなりませんが、事実に基づかない批判が、繰り返し許される社会であって欲しくはありません。

幾つかの事例についてだけでも、関係者の説明がなされ、人々の納得を得られれば幸せに思います(『皇后陛下お言葉集　あゆみ』海竜社、二〇〇五年)。

美智子皇后はこのように反省の弁を述べつつ、バッシング報道が事実ではないことを主張し、その問題性を強く訴えた。自らの意見を積極的に表明した異例の回答ともいえる。

そしてその日、皇后は倒れ、以後数カ月にわたって言葉が出なくなった。原因は心因性のもので、バッシング報道によるストレスとされた。この事態を受けてバッシング報道に関する雰囲気は一挙に転換する。『週刊文春』には抗議が殺到し、十一月十一日号に謝罪文を掲載してバッシング報道を終結させることとなった。『宝島30』を発行する宝島社にも銃弾が撃ち込まれるなどの事件が発生(『朝日新聞』一九九三年十一月十二日夕刊)し、九四年一月号で大内の署名による「皇后陛下にお詫び申し上げる」とのタイトルを掲げた文章を掲載するに至った。そして、「開かれた皇室」路線に対する反発はこれ以後、大きくはなされなくなっていく。

この事件の背景には、それまで明仁天皇・美智子皇后が進めていた「開かれた皇室」路線に対する反発があった。天皇制を権威と見る側から、天皇・皇后個人を批判する動きだったと言える。しかし皇后が倒れたことを契機にいっきょに形勢は逆転し、そうした動向を批判する動きが高まっていき、「開かれた皇室」路線を後押ししていくことになる。

マスメディアの関心と天皇の意志

では、以上のような平成の象徴天皇制をマスメディアはどのように伝えたのだろうか。即位後の天皇の「お言葉」を契機に、「開かれた皇室」路線はマスディアに大きく取り上げられ、しかもそれは好意的に取り上げられたことは前に述べたとおりである。

一九九九年(平成十一)十一月、即位十年に際して明仁天皇・美智子皇后の記者会見が行われた(以下、宮内庁HPより)。この時、宮内記者会から天皇・皇后への代表質問は三問あった(もう一問、在日外国報道協会代表からも質問があり、外国訪問について尋ねている)。この記者会見からマスメディアの思惑が見えてくる。

まず第一問目に、即位十年を迎えるにあたっての気持ち。これに対し天皇は「戦後、互いに国民が協力し、たゆみなく努力を重ねて、今日の平和と繁栄を享受するに至」ったと言及した。戦後の復興において国民の力が果たした役割を評価し、それが「平和と繁栄」に繋がっていると強調したのである。また、「即位以来、天皇は日本国の象徴であり、日本国民統合の象徴であるという憲法の規定に心し、昭和天皇のことを念頭に置きつつ、国と社会の要請や人々の期待にこたえて天皇の務めを果たしてきました」とも述べ、象徴としての模索を続けていること、そして昭和天皇から引き継いでいること、国民を意識しながら自ら行動していることなどについても触れた。

第二問目は、障害者・高齢者などの福祉問題とともに、被災地の見舞いなどに取り組んでいることについてどう考えていたのか、また今後の役割を尋ねたものである。これは、国民とともに寄り添う天皇・皇后の姿を念頭になされた質問であろう。天皇は「人々に心を寄せていく」ことが自身の「大切な務め」と回答している。

第三問目に、沖縄サミットを翌年に控え、戦争の記憶に天皇・皇后が触れていること、若い世代に伝えることについてその気持ちが尋ねられた。天皇は自身の幼いころの記憶を述べながら、「今日の日本が享受している平和と繁栄は、このような多くの犠牲の上に築かれたものであることを心しないといけない」と訴えた。「平和と繁栄」というキーワードは第一問目の回答でもあり、天皇にとってそれが重要な意味をもっていることがわかる。

マスメディアの柱は「開かれた皇室」

この会見の質問順からもわかるように、マスメディアの関心は、国民と象徴天皇制が近いことを示す「開かれた皇室」、戦争の記憶への取り組みの順であった。『毎日新聞』は天皇即位十年にあたって、四ページにもわたる特集記事を掲載しているが、その内容は「「平和」「沖縄」「福祉」両陛下思い新たに」との見出しを掲げてこの会見内容を報じたもので、「国民との触れ合いを求め」との見出しも掲げて、平成における象徴天皇制の状況を振り返った(『毎日新聞』一九九九年十一月一二日)。『毎日新聞』の伝えようとする重きは後者の見出しにあり、それを「新しい時代の皇室」と表現して歓迎していた。『朝日新聞』はより明確に、同様の特集記事で「ぬくもり、言葉に込めて/新たな皇室像へ歩む」との見出しを掲げていた(『朝日新聞』一九九九年十一月七日)。もちろん、外国訪問において戦争の記憶に天皇・皇后が触れていることには言及されつつもそれは一部で、被災地などへの見舞いなど国民と触れ合う部分を強調していた。その意味で、マスメディアは「開かれた皇室」を平成の象徴天皇制の柱として重要視していたものと思われる。

一方で、天皇は先ほど述べたように、第一問目と第三問目で同じ「平和と繁栄」という言葉を使用していることからも、戦争の記憶への取り組みも「開かれた皇室」と同様に重視していたと思われる。第三章で見た皇太子時代からの言動を考えてみれば、当然といえるかもしれない。現在の象徴天皇制を見れば、国民との近さとともに戦争の記憶という問題が、象徴天皇制を語る二つの柱となっていると思われる。しかしこの時期は天皇の思考とは異なり、マスメディアのなかでは「開かれた皇室」路線一本で象徴天皇制を語っていったのである。この時点での柱は一つであった。

終章　「平成流」の完成へ

相次ぐ災害と被災地への思い

一九九五年（平成七）の阪神・淡路大震災後も、日本は多くの自然災害に直面していた。一九九九年には福島・栃木県での豪雨、二〇〇一年には三宅島噴火、二〇〇三年には有珠山噴火の被災地を天皇・皇后は訪問し、その被害の状況などを視察している。三宅島については、その五年後の二〇〇六年に全島避難から帰島後一年を迎えた島内の状況を視察した。また、災害が起こったあとに一度行くだけではなく、再び出向き、その後の復興状況を確認し、人々を励ましている。

二〇〇四年には新潟県中越地震が発生し、天皇・皇后は被災地を訪問して被災者を見舞ったり、「お言葉」を県知事などに伝えて励ましたりした。こうした行動がマスメディアで報道され、人々に広まっていく。この年の誕生日の記者会見では、「救助、救援活動に当たった消防、警察、自衛隊の人々、また全国から集まったボランティアに対し、深く感謝しています」「今年は相次ぐ災害に見舞われ、今も多くの人々が避難生活を送っている状況にあります。特に新潟県のように、雪が深く、寒さも厳しい所の避難生活はさぞ苦労が多いことと心配しています」（二〇〇四年十二月記者会見、宮内庁ＨＰ）と、被災者に対しての見舞いの言葉とともに、ボランティアなどの救助する人々へのねぎらいの言葉を発した。天皇は阪神・淡路大震災後、ボランティアについて言及することが多くなった。

そして二〇一一年三月十一日、東日本大震災が発生する。発生から五日後、天皇は国民に向けてビデオメッセージを発表した。天皇がマスメディアを通じて自らの言葉を伝えるのはきわめて異例である。このなかでは、「被災者の状況が少しでも好転し、人々の復興への希望につながっていくことを心から願わずにはいられません」と被災者を励ましつつ、救援活動を行っている人々に対して、「その労を深くねぎら」っている。そして、次のようにメッセージを結んでいる。

被災者のこれからの苦難の日々を、私たち皆が、様々な形で少しでも多く分かち合っていくことが大切であろうと思います。被災した人々が決して希望を捨てることなく、身体を大切に明日からの日々を生き抜いてくれるよう、また、国民一人びとりが、被災した各地域の上にこれからも長く心を寄せ、被災者と共にそれぞれの地域の復興の道のりを見守り続けていくことを心より願っています（宮内庁ＨＰ）。

このように、被災者の苦労を国民全体で「分かち合」うこと、そこに「心を寄せ」ることを天皇は提起していた。こうした姿勢は、象徴天皇として国民に接するときと同様のものであるといえる。第四章で述べた「苦楽をともにする」という視点である。

その後、三月三十日の東京武道館での避難者の見舞いをはじまりとし、四月には千葉・宮城・茨城県を、五月には岩手・福島県を相次いで訪問し、被災者を見舞った。東日本大震災の被災地にはかなり熱心に訪問している。その後も、二〇一二年十月に福島県、二〇一三年七月に岩手・福島県、二〇一四年七月に宮城県、九月に青森県、二〇一五年三月に宮城県、七月に福島県、二〇一六年三月に福島・宮城県、九月に岩手県へと出かけ、被災者を見舞った。このペースや回数はこれまでにないかなり異例のものでもあり、それだけ重要視していることがわかる。

平成はその後も自然災害が相次いだ。天皇・皇后は八十歳を超えてもなお、日帰りなどでこれらの被災地を訪問し、被災者を見舞った（その状況は様々なマスメディアによって伝えられているが、朝日新聞社会部『祈りの旅』朝日新聞出版、二〇一八年は特に参考になる）。

平成は災害が頻発した時期であった。そのなかで、天皇・皇后が積極的に被災地を訪問、被災者を見舞う姿はマスメディアを通じて広く人々に伝わり、復興政策をうまく進められない政府・政治家と対比的に映ったのではないだろうか。そして、「国民への思いやりがある」天皇が人々に印象づけられ、天皇としての理想像になっていく。

戦争の記憶への取り組み

一九九五年（平成七）の戦後五十年が終わったあとも、天皇・皇后は戦争の記憶に積極的にかかわっていった。一九七五年（昭和五十）の沖縄国際海洋博覧会以来、皇太子時代は沖縄を五回訪れており、天皇になってからも一九九三年の全国植樹祭、九五年の戦後五十年の「慰霊の旅」で訪れ、その後も二〇〇四年の国立劇場おきなわ開場記念公演、二〇一二年の全国豊かな海づくり大会に出席のために沖縄県を訪問し、平和祈念堂や戦没者墓苑などに立ち寄った。また、二〇一四年六月には、アジア・太平洋戦争中に米軍の魚雷攻撃で撃沈した学童疎開船「対馬丸」犠牲者の慰霊のために沖縄県を訪問している。後述する退位を控えた二〇一八年三月には、天皇・皇后の強い希望で沖縄県を訪れ、国立沖縄戦没者墓苑や日本最西端に位置する与那国島を訪問した。

明仁天皇は皇太子時代、日本ではどうしても記憶しなければならない四つの日があるとして、終戦記念日・広島原爆の日・長崎原爆の日、そして沖縄戦終結の日を挙げていた(一九八一年八月七日、薗部前掲『新天皇家の自画像』)。これらの日には黙祷をし、平和について考えているという。このように、沖縄に思いを寄せ、その記憶を伝えることを重視していた。

また、戦後六十年の二〇〇五年にはサイパン島を訪問する。天皇・皇后の外国訪問はその国からの招請という形で行われるのが通例であるが、この訪問は天皇の意思によって行われたものであり、その目的は「戦争により亡くなられた人々を慰霊し、平和を祈念するため」(宮内庁HP)と公表された。きわめて異例な訪問であったといえる。天皇はサイパンへの出発にあたって、次のような「お言葉」を発した。

六一年前の今日も、島では壮絶な戦いが続けられていました。食料や水もなく、負傷に対する手当てもない所で戦った人々のことを思うとき、心が痛みます。亡くなった日本人は五万五千人に及び，その中には子供を含む一万二千人の一般の人々がありました。同時に、この戦いにおいて、米軍も三千五百人近くの戦死者を出したこと、また、いたいけな幼児を含む九百人を超える島民が戦闘の犠牲となったことも決して忘れてはならないと思います。

ここでは、日本の兵士のみならず、一般の人々にも犠牲者がいたこと、また米軍兵士やサイパン島島民の犠牲者もいたことにも言及したのである。アジア・太平洋戦争におけるすべての犠牲者の慰霊を行うこと、それが訪問の目的であることを宣言したものといえる。六月二七・二八日とサイパン島を訪れた天皇・皇后は、遺族会や戦友会の人々から戦闘の様子などの話を聞き、また日本人のみならずアメリカ人やサイパン島民の戦没者慰霊碑で献花をし、またいわゆる「バンザイクリフ」も訪問している。親善ではなく純粋に慰霊のために訪問するなど、戦争の記憶・慰霊といった活動にも熱心であったことがわかる。

戦後七十年目の二〇一五年には、同じく激戦地のパラオを訪問している。この年の戦没者追悼式での「おことば」では「ここに過去を顧み、さきの大戦に対する深い反省と共に、今後、戦争の惨禍が再び繰り返されぬことを切に願い」と、「さきの大戦に対する深い反省」が述べられた。これも、そうした思考を曖昧化する安倍晋三首相の姿勢と対比的に捉えられたのではないか。

その後も、二〇一六年にはフィリピンを訪問している（このフィリピン訪問については、井上亮『象徴天皇の旅』平凡社新書、二〇一八年が詳しい）。これも天皇自らの意思であった。そこで慰霊の旅を行ったのである。

マスメディアの論調の変化

では、こうした明仁天皇・美智子皇后の取り組みをマスメディアはどう報道してきたのだろうか。第四章で述べたように、即位十年目の一九九九年（平成十一）のときには、「開かれた皇室」が主であり、戦争の記憶への取り組みはそれに比すると扱いは小さく、しかも「開かれた皇室」路線の一環として捉えられていた。

しかし、この傾向は即位二十年目（「ご成婚」から五十年目にもあたる）の二〇〇九年の報道では変化している。『読売新聞』は年頭に一ページの皇室特集を組み、象徴天皇制に「新風」を与えた天皇・皇后の姿を紹介している（『読売新聞』二〇〇九年一月一日）。このなかでは、「お人柄伝わる「ふれあい重視」」という見出しとともに国民との触れ合いの様子が描かれたほか、「平和願われ国内外で慰霊」という見出しを掲げて戦争の記憶への取り組みも取り上げている。どちらかの話題を重視しているわけではない。

『毎日新聞』はより明確に、「国民に寄り添い　平和へ思い強く」という見出しを大きく目立たせ、「慰霊の旅」を重ねていることをクローズアップする紙面となっている（『毎日新聞』二〇〇九年一月七日）。天皇が即位にあたって日本国憲法を遵守すると述べたことと重ね合わせ、その憲法の柱である平和主義についても天皇は重要視しており、そのための「慰霊の旅」であることが強調された。第四章で見た一九九九年のときの『毎日新聞』の紙面と比較すれば、天皇・皇后が戦争の記憶に対して積極的に触れようとしていることを伝える意図は明確であった。

こうしたマスメディアの姿勢は、即位二十年に際しての記者会見の質問にも見ることができる。このときは宮内記者会の代表質問が二問と関連質問が一問であった（以下、宮内庁HP）。高齢となってきた天皇の健康状態に配慮して、質問数は減らされているものの、一問のなかに多くの質問内容が含まれているのが特徴である。

第一問目は、象徴としてどうあるべきかを考え模索してきたかを尋ねたうえで、わざわざ「戦後六十四年がたち、四人に三人が戦後生まれとなって戦争の記憶が遠ざかる一方で」と言及して回答を求めている。象徴天皇としてのあり方を聞きつつ、戦争の記憶への天皇の取り組みとの関係性を意識していることがわかる。第二問目は皇統継続に関する質問であった。即位十年目ではあとに聞かれていた戦争の問題が、第一問目に登場しており、マスメディアが即位二十年目の二〇〇九年に天皇にまず聞きたいことは、象徴とは何か、そして戦争の問題への取り組みだったのである。

在日外国報道協会からは一問、厳しい経済状況を踏まえて日本の将来について天皇の考えが質問された。これに対して天皇は次のように答えている。

　私がむしろ心配なのは、次第に過去の歴史が忘れられていくのではないかということです。昭和の時代は、非常に厳しい状況の下で始まりました。昭和三年、一九二八年昭和天皇の即位の礼が行われる前に起こったのが、張作霖爆殺事件でしたし、三年後には満州事変が起こり、先の大戦に至るまでの道のりが始まりました。第一次世界大戦のベルダンの古戦場を訪れ、戦場の悲惨な光景に接して平和の大切さを肝に銘じられた昭和天皇にとって誠に不本意な歴史であったのではないかと察しております。昭和の六〇有余年は私どもに様々な教訓を与えてくれます。過去の歴史的事実を十分に知って未来に備えることが大切と思います。

ここで明仁天皇は、未来のことを聞かれながら、過去について忘れないことを強調したのである。第一問目との関連からこのように答えたのだろう。戦争を経験した世代が次第に減少するなかで、天皇自身が戦争の記憶を伝えていく重要性を再度提起したのである。

この記者会見をふまえ、『朝日新聞』は三ページにわたる特集記事を組んだ（『朝日新聞』二〇〇九年十一月十二日）。この一ページ目に、「天皇陛下　昭和の「負の遺産」を背に」というタイトルを掲げている。ここでは、「昭和の時代の戦争がもたらした負の遺産を背に、国内そして海外で、慰霊の旅を続けてきた二十年でもあった」と、平成における明仁天皇のあゆみを「慰霊の旅」で総括していた。十年前のように「開かれた皇室」ではなく（しかもその言葉は使用されていない）、戦争の記憶に取り組む天皇に焦点を当てたのである。それは大きな変化であった。二・三ページ目には、「平和祈り慰霊の旅路」「弱者へ心寄せて」という二つの見出しが掲げられ、それぞれの内容についてほとんど同じ分量で紹介されている。その意味で、戦争の記憶への取り組みと国民との距離の近さは平成の象徴天皇制を特徴付ける二つの柱として、マスメディアのなかでは論じられるようになったのである。

冷戦が終結しても世界各地ではさまざまな紛争やテロがたびたび起きている。平和な世界とは言えない状況のなかで、しかも日本においても戦争経験世代の急激な減少とともに戦争の記憶が風化する問題は指摘されてきた。そのようななかで、戦争の記憶の問題に継続的に取り組む天皇・皇后にマスメディアはより焦点を当てるようになったのであろう。この姿勢は現在も継続している。二〇一三年の明仁天皇傘寿（八十歳）のときの記者会見では、戦争の問題と戦後復興についてが第一問、今後の公務の引き継ぎが第二問と、マスメディアの関心は戦争の記憶へ取り組む天皇により強く向かっている。天皇の姿勢だけではなく、こうした報道によって戦争の記憶を伝えていく天皇像が定着していくのである。

こうした天皇の行動がマスメディアによってより伝わっていくことで、国民意識にも変化が見られるようになる。「はじめに」でも紹介したように、NHKの「日本人の意識調査」では、二〇〇三年の調査より「尊敬の念をもっている」という回答が次第に伸び始め、二〇一三年の調査では「好感をもっている」が三十五％で、三十四％が「尊敬の念をもっている」と回答、「特に何とも感じていない」の二十八％を上回る結果となった。調査始まって以来、初めての数値である。そして、二〇一八年の調査では、ついに「尊敬の念をもっている」が一位となって四十一％、「好感をもっている」が三十六％、「特に何とも感じていない」が二十二％となった。空前の支持率である。「平成流」への人々の評価がこのような数値に表れているのではないか。

「生前退位」騒動の始まり

それは、二〇一六年（平成二十八）七月十三日夕方から始まった。まず午後六時五十五分ごろ、ＮＨＫに速報のスーパーが流れ、午後七時のニュースで明仁天皇の「生前退位」の意向がスクープされた。このなかでは、①天皇がその位を生前に皇太子に譲る「生前退位」の意向を宮内庁関係者に示していること、②天皇自身が広く内外に「お気持ち」を表わす方向で調整が進められていること、などが示された。なぜ天皇は「生前退位」の意向を示していたのか。ＮＨＫは、③天皇が「憲法に定められた象徴としての務めを十分に果たせる者が天皇の位にあるべきだ」と考え、「今後、年を重ねていくなかで、大きく公務を減らしたり代役を立てたりして天皇の位にとどまることは望」んでいないからだと報道した。また、④こうした天皇の意向を、皇后や皇太子、秋篠宮も受け入れていると述べていたことも注目される。

以上の報道は、明仁天皇の「生前退位」の意向を前面に打ち出していた。むしろそれだけだった。ＮＨＫが政府や宮内庁の方針については言及せず天皇の意思を第一報で報じたことで、それこそが「生前退位」問題の本質だと人々に印象づけた。そしてこの天皇自身の意向という要素が、その後のこの問題の方向性を規定していく。

当日夜、山本信一郎宮内庁次長は、「報道されたような事実は一切ない」、天皇は「制度的なことについては憲法上のお立場からお話をこれまで差し控えてこられた」と述べ、天皇がそうした意向を持っていることを否定している。風岡典之宮内庁長官も、「次長の言ったことがすべて」と話し、宮内庁は火消しに走った（『朝日新聞』二〇一六年七月十四日）。

しかしその後も、夜の民放ニュースや翌朝の新聞各紙は「生前退位」問題を詳しく報じた。翌朝の朝刊は、「天皇陛下　生前退位の意向」（朝日・東京）、「天皇陛下「生前退位」意向」（毎日）、「天皇陛下　退位の意向」（日経）、「天皇陛下「生前退位」」（産経）といった見出しが一面を飾り、やはり天皇の意向が前面に押し出される構成となっている。宮内庁トップが否定していたとはいえ、『朝日新聞』は「宮内庁関係者への取材でわかった」、『日本経済新聞』は「宮内庁関係者の話で明らかになった」、『東京新聞』は「政府関係者への取材で分かった」と記したように、その情報が基本的には正確なものであることを示唆していた。

そしてどのメディアも、天皇の「生前退位」の意向を解決するためには皇室典範の改正が必要であることを強調していた。しかし『朝日新聞』は宮内庁幹部の話として、「宮内庁として一切検討していない。天皇陛下のご意向と、実現できるかは別の話だ」とし、『日本経済新聞』は「同庁で内々に検討を進めていたという」としており、どの程度まで話が具体化していたのかは曖昧な記述となっていた。

以上のように、明仁天皇の強い意思が強調される報道が相次いだのである。こうした天皇の強い意思が伝えられたこと、また加齢に伴う健康状態の不安などが報道されたからか、その後の世論調査では『読売新聞』『朝日新聞』ともに、「生前退位」に賛成が八十四%(『読売新聞』二〇一六年八月五日、『朝日新聞』二〇一六年八月八日夕刊)と、人々の間ではそれを認めるべきとの声が圧倒的となった。

いつから退位を考えたのか

また、天皇が「生前退位」の意向を宮内庁関係者に示したのはいつかについても、新聞ごとにやや異なる言及がなされていた。『東京新聞』は「少なくとも一年前から」と記している。たしかに、前年二〇一五年(平成二十七)八月十五日の戦没者追悼式などでの進行を間違えたことから、明仁天皇はその後の誕生日の記者会見で「年齢というものを感じることも多くなり、行事の時に間違えることもありました」と発言していた(二〇一五年十二月十八日、宮内庁ＨＰ）。これによって、明仁天皇が年齢を重ね、象徴としての公務をこなすことが次第に困難になっていると内外に印象づけられていた。それを踏まえての一年前という言及であろう。

一方『朝日新聞』は、皇室担当特別嘱託の岩井克己が、「五年ほど前から、例えば大正天皇の病状の深刻化に伴い、皇太子だった昭和天皇が摂政を務めた詳しい経緯や制度的背景について周囲に検討させ」た事例を紹介し、このころより「周到」な思いを重ねていたと述べている。二〇〇八年に明仁天皇は不整脈の症状が出、その後は公務負担軽減の措置がとられた。二〇一〇年十二月二十日の誕生日の記者会見では、「今のところこれ以上大きな負担軽減をするつもりはありません」と発言する（宮内庁ＨＰ）も、二〇一二年には心臓バイパス手術を受けたこともあり、そうした健康や加齢といった面から、「生前退位」について考えるようになったと推測される。

なお、天皇は二〇一〇年七月の参与会議の場で、初めて退位に言及したとされる（「皇后は退位に反対した」『文藝春秋』二〇一六年十月号）。その後、宮内庁を通じて内閣へそうした意思は伝わっていたものの、対策がとられなかったことから報道に繋がったものと思われる。

「象徴としてのお務めについての天皇陛下のおことば」

そして、八月八日午後三時、明仁天皇による「象徴としてのお務めについての天皇陛下のおことば」（以下、「お気持ち」と表記）がテレビやラジオ、インターネットなどを通じて人々に伝えられた。

七月十三日の第一報から一カ月弱という短さでのタイミングということ考えれば、すでに第一報時にはこの「お気持ち」表明をすることは天皇やその周辺では固まっており、七月十三日に「生前退位」の意向に関する報道、八月八日の「お気持ち」表明というスケジュールは決まっていたのではないか。

この「お気持ち」では、「天皇という立場上、現行の皇室制度に具体的に触れることは控えながら、私が個人として、これまでに考えて来たことを話したいと思います」と冒頭で述べられたものの、かなり自身の意思が強く入った、しかも天皇制という制度の問題についても言及した「お気持ち」であったと思われる。

天皇は、「即位以来、私は国事行為を行うと共に、日本国憲法下で象徴と位置づけられた天皇の望ましい在り方を、日々模索しつつ過ごして来ました」と述べ、「象徴」としての天皇像を自身が模索してきたことを強調する。それは彼にとって、「社会に内在し、人々の期待に応えていく」ことでもあった。その模索とは、国事行為だけではなく、それ以外の行為＝公的行為（憲法には規定されていないが象徴としての立場からなされる行為）の拡大ともいえる。全国各地を訪問し人々と触れ合うこと、被災者の見舞いを行うことなど、それは明仁天皇が象徴として模索してきた結果、生み出された行為であった。「お気持ち」では、この模索は「人々の傍らに立ち、その声に耳を傾け、思いに寄り添うこと」から生み出されたものであることを強調し、そうした公的行為を含めた公務すべてが象徴としてのあり方だと主張している。それは、次の言葉からも推測できる。

天皇の高齢化に伴う対処の仕方が、国事行為や、その象徴としての行為を限りなく縮小していくことには、無理があろうと思われます。また、天皇が未成年であったり、重病などによりその機能を果たし得なくなった場合には、天皇の行為を代行する摂政を置くことも考えられます。しかし、この場合も、天皇が十分にその立場に求められる務めを果たせぬまま、生涯の終わりに至るまで天皇であり続けることに変わりはありません。

ここで明仁天皇は、現在の象徴天皇としての公務を削減していくことは「無理があろう」と強い調子で述べている。加齢による公務負担削減という動きがそれまでにも存在していたが、その動きを牽制し、自らが模索して増やしてきた公的行為を減らすことに反対した。つまり、それも含めた全体が象徴としての天皇の姿であり、そのすべてを次世代の天皇が引き継ぐことを求めた。削減されれば、自らの模索を否定することになり、理想としての象徴天皇ではなくなってしまう。徳仁皇太子もその地点からスタートするハンデを負うことになる。明仁天皇は公務を減らさないために退位という選択肢をとったのである。

そして、こうした「象徴天皇の務めが常に途切れることなく、安定的に続いていくこと」までをも言及している。それは、自らが模索し形成してきた象徴天皇像への強い自負とも言えるものではないだろうか。また、皇室典範には天皇が職務を遂行できない場合、摂政を設置できる規程となっている。天皇はこれについても拒絶していることがわかる。この「お気持ち」には「退位」という言葉は出てこないものの、それ以外の選択肢を天皇自らが封じ、それしかないことを主張していた。

そして最後に、「国民の理解を得られることを、切に願っています」と結んでいる。これは、自らが模索してきた象徴天皇像についてこの「お気持ち」で示し、人々にそれを問うたのではないだろうか。つまり、象徴天皇とは何かを考えること、そうしたボールが天皇から私たちに投げかけられたのではないだろうか。

世論の反応と特例法

ＮＨＫによる明仁天皇の「生前退位」の意向報道、そして天皇の「お気持ち」表明は、保守派に大きな亀裂をもたらした。彼らは天皇の意向をどう受け止めてよいのかわからず、困惑していた。ＮＨＫの第一報から「お気持ち」表明の間、そしてその後も多くの意見が発表された。憲法学者の百地章は、天皇の意向はそれとして聞いておくが、公務負担軽減策として摂政を置くことで問題は解決できると主張している（「「陛下のご意向」と立憲君主制」『Will』二〇一六年九月号）。「生前退位」には懐疑的な立場であった。天皇の意向よりも優先するものがあり、それゆえに摂政や公務負担軽減を提起したのである。

それは、「生前退位」となると皇室典範改正に繋がる可能性があり、女性天皇や女性宮家などの議論が再燃することを恐れていたからではないだろうか。

一方で世論は、すでに七月のＮＨＫの第一報以後、明仁天皇の退位を認める方向が多数となっており、八月八日の「お気持ち」表明はそのだめ押しとなった。

九月二十三日、政府は今井敬経団連名誉会長ら六人のメンバーからなる「天皇の公務の負担軽減等に関する有識者会議」の設置を発表する。ここでは、明仁天皇一代限りの「生前退位」を認める特例法制定が検討された。とはいえ、天皇の「お気持ち」を受けてこうした検討を始めたとは公式的には述べていない。なぜならば、天皇の意思を受けて法律が改正されたり新たに制定されたりすることは天皇の政治関与にあたる可能性があり、日本国憲法の理念上まずいからである。それゆえに世論の高まりを受けたという建前（しかしその世論の高まりは「お気持ち」の表明があったからである）をとり、しかも「有識者会議」の正式名称もあくまで「公務の負担軽減等に関する」会議として、最初から天皇が求めた「生前退位」という結論ありきではないということを示そうとした。しかしそれはあくまでフィクションであった。

政府は、最初から明仁天皇一代限りの「生前退位」を認める特例法という結論を有識者会議で決めようとし、皇室典範改正には消極的であった。皇室典範改正となれば、女系・女性天皇や女性宮家の問題など、象徴天皇制全体の制度設計をも含んだ形での議論が展開され、様々な意見が噴出してまとまらないのではないかという懸念からだった。安倍政権を支える保守層が、特に女系・女性天皇問題に拒否感を示しており、その問題に派生しかねない皇室典範の改正は避けたかったからだと思われる。一方、世論が退位を認める方向性で進んでおり、それを拒絶することも政権への支持を失う危険性もある。それゆえに、妥協的な一代限りの特例法という結論に向かっていったと思われる。

「お気持ち」は退位以外にも明仁天皇自らが模索してきた象徴天皇像を人々に問い、また安定的な皇統の継続を求めていたのに対し、政府はそうした問題には正面から向き合うことを避けた。なぜなら、そうした問題を考えるためにはまず、日本国憲法に規定された象徴とは何かについて、国民的な議論と合意の必要があったからである。おそらく天皇が「お気持ち」を表明した意図の一つはそれであった。天皇の意思をそのまま政策に反映させる必要はないものの、政府は最初からそれを選択肢として外して議論を始めた。

その後、「有識者会議」は議論を展開、一代限りの特例法制定、退位後の明仁天皇の呼称を「上皇」、美智子皇后の呼称を「上皇后」などとする最終報告を取りまとめた。

政府はそれを受けて特例法案を国会へ提出する。それを審議した衆議院の議院運営委員会、参議院の特別委員会ともに一日のみの審議であり、実質的な議論はほとんどなされなかった。そして野党などに配慮し、女性皇族が結婚後も皇室に残る女性宮家の創設などを法の施行後速やかに検討するよう求めた付帯決議を可決した。こうして二〇一七年六月九日、特例法が成立する。その後の退位日などについては政府などが検討し、政令で定めることとなっており、それが二〇一九年四月三十日となった。

アジア・太平洋戦争を経験し、敗戦後に民主主義へと転換するなかで、明仁親王は自己形成をしていった。ヴァイニングや小泉信三の教育を受けるなかで、国民とともにある天皇制や天皇としてのあり方を学んでいく。一方で、「新生日本」が世間で叫ばれてくると、青年として登場してきた皇太子の人気は急上昇していく。彼の人格が形成されつつあった時期、それが人々に受容されたというよりは、むしろ彼のもつイメージが人気の要素となっていったのである。両者にはギャップが存在した。だからこそ、皇太子妃選考が長びき皇太子の実像が伝わるにつれ、皇太子人気も落ちていくことになる。

しかし、正田美智子という「平民」出身の女性と結婚することで、再びブームが到来する。美智子妃がマスメディアにおけるそれまでの予想を越えたパーソナリティーをもっていたことで、人々の人気は高まっていく。時代は高度経済成長期にあって都市化が進み、新中間層は台頭してきた。核家族の理想のモデルとして、皇太子一家はあったのである。しかしこれも、イメージの受容であった。それゆえやはり天皇制という制度のなかでもがく皇太子一家の実像が伝えられると再び人気が落ち、「停滞期」を迎えることになる。その意味で、象徴天皇制は移り気の激しい人々との関係のなかで揺れ動いていた。

この停滞期にあって、皇太子・皇太子妃は皇室外交を積極的に行い、次第に戦争の記憶に取り組みだすようになる。ぎこちなかったとはいえ、国民とも一人一人に声を交わした。しかし人々はそれに注目しなかった。児玉隆也がいうように、そうした皇太子の行動に魅力を感じなかったのである。高度経済成長も終わり、今後の日本社会が展望しにくかったがゆえ、彼らにはまじめさを感じても理想を見ることはできなかったのではないだろうか。また、昭和天皇と同じように権威を感じるには皇太子が若すぎたということもあろう。

それが、明仁皇太子が天皇に即位したことで変化する。天皇が変わったことによって、再び天皇制が変化したという新しさのイメージに注目が集まるようになるのである。そのなかで明仁天皇は皇太子時代と基本的には変わらず、戦争の記憶の問題に取り組み、国民との接触を重ねていく。バブル経済が崩壊し、社会にさまざまな不安が広がるなかで、次第に天皇・皇后の動きや考えに注目が集まるようになった。そこに国民は理想的な人物像を見たのである。その一貫した姿勢に、人々からの関心が寄せられたともいえる。こうした傾向に大きく寄与したのがマスメディアの報道であった。報道で何が伝えられるのかによって、国民の意識も変化する。明仁天皇はこのような国民の意識と関係しながら、戦後社会とともに生きてきたのである。

マスメディアなどで「平成流」と呼ばれることに対して、明仁天皇は先に述べた二〇〇九年（平成二十一）十一月の即位二十年目に際しての記者会見で次のように回答している。

私は、この二十年、長い天皇の歴史に思いを致し、国民の上を思い、象徴として望ましい天皇の在り方を求めつつ、今日まで過ごしてきました。質問にあるような平成の象徴像というものを特に考えたことはありません。

天皇はここで「平成流」を否定しつつ、国民との関係性を見つめていくことで、自ら象徴とは何かについて模索を続けていることは認めている。それは、天皇制の歴史について言及していることから、自ら独自のものではなく、歴史的に形成されてきたものだと意識しているのだろう。同じ質問に対する皇后の答えは次のとおりである。

戦後新憲法により、天皇のご存在が「象徴」という、私にとっては不思議な言葉で示された昭和二十二年、私はまだ中学に入ったばかりで、これを理解することは難しく、何となく意味の深そうなその言葉を、ただそのままに受け止めておりました。

御所に上がって五十年がたちますが、「象徴」の意味は、今も言葉には表し難く、ただ、陛下が「国の象徴」また「国民統合の象徴」としての在り方を絶えず模索され、そのことをお考えになりつつ、それにふさわしくあろうと努めておられたお姿の中に、常にそれを感じてきたとのみ、答えさせていただきます。

美智子皇后は、象徴を「不思議な言葉」と率直に表現することで、その概念の定義の困難さを告白している。天皇は同じ年の四月、「象徴とはどうあるべきかということはいつも私の念頭を離れず、その望ましい在り方を求めて今日に至っています」とも述べており、象徴の内実は実際に象徴という地位にある天皇自身が常に模索しながら、行動することで形成されてきた概念ともいえる。

日本国憲法に規定された象徴はあいまいな概念である。それゆえに、戦後社会のなかでもさまざまな模索があり、可能性があった。こうした揺れ幅は、常に時代の要請や国民の期待などによって、人々や社会が規定している部分もあろう。また、天皇・皇后が規定している部分も大きい。象徴天皇制という制度の内実はそのアクターの人格や思考によって左右されていることを意識しておく必要がある。

明仁天皇は即位三十年の式典のなかで次のような言葉を述べた（宮内庁ＨＰ）。

天皇として即位して以来今日まで、日々国の安寧と人々の幸せを祈り、象徴としていかにあるべきかを考えつつ過ごしてきました。しかし憲法で定められた象徴としての天皇像を模索する道は果てしなく遠く、これから先、私を継いでいく人たちが、次の時代、更に次の時代と象徴のあるべき姿を求め、先立つこの時代の象徴像を補い続けていってくれることを願っています。

この言葉のなかには、自身が模索してきた象徴天皇像への自負心が見える。ある種の完成形を迎えたその姿を、後世の天皇が社会の変化に応じて「補い続けていってくれる」ことを期待する明仁天皇。戦後日本のあゆみのなかで、現在の象徴天皇像を創りあげていった天皇の自己意識はそれであった。

あとがき

本書は二〇一六年六月に出版された『明仁天皇と戦後日本』（洋泉社歴史新書y）の増補版にあたる。

旧版を執筆する際、まさかこのような自体になるとは夢にも思わなかった。おそらくこのとき、明仁天皇が退位し、上皇になるとはどの研究者も想定していなかっただろう。旧版はたまたまタイミングよくと言うべきか、「生前退位」の騒動が起きる直前に出版された。明仁天皇と戦後日本社会との関係性を解明した歴史研究はこれまであまりなく、その点で意味のあったものと自負している。

ただ、あまり売れなかったようで、その後、品切れとなってしまった。しかし、「お気持ち」の表明以後、天皇や皇后に関する報道はこれまで以上に相次ぎ、「はじめに」で紹介したＮＨＫの「日本人の意識」調査も、二〇一八年には「尊敬」が四一％と、空前の数値をたたき出した。『明仁天皇と戦後日本』はもう売っていないのか、という声をいただくことも多くなった。そのため、平成の天皇制を考える上でも、できればまた出版されればよいなあと考えていた。

そのようなことをつらつらとツイッターでつぶやいたとき、すぐに反応して下さったのが、人文書院の編集者である松岡隆浩さんである。そこで、急いで出版の準備で取りかかった。いつもお世話になっている松岡さんには、またもやお手数をかけてしまった。

本書では、終章を増補し、二〇一六年以降の出来事を記した。特に、「生前退位」をめぐる報道について詳しく論じたのは、この問題が平成の天皇制とマスメディアの関係性を凝縮していると考えたからである。一方で、表現などを若干変えたほかは、旧版についてはほとんど手を加えなかった。それは、旧版での叙述の流れを重視するとともに、明仁天皇と戦後日本の問題を考える上でも何かしらの提起ができたと考えるからである。

明仁天皇は四月三十日、退位礼正殿の儀において、次のような「おことば」を述べた。

今日をもち、天皇としての務めを終えることになりました。

ただ今、国民を代表して、安倍内閣総理大臣の述べられた言葉に、深く謝意を表します。

即位から三十年、これまでの天皇としての務めを、国民への深い信頼と敬愛をもって行い得たことは、幸せなことでした。象徴としての私を受け入れ、支えてくれた国民に、心から感謝します。

明日から始まる新しい令和の時代が、平和で実り多くあることを、皇后と共に心から願い、ここに我が国と世界の人々の安寧と幸せを祈ります。

本書を読むと、短い「おことば」にもかかわらず、ここにはいわゆる「平成流」を象徴する言葉が様々に並んでいることがわかるのではないか。「国民」「平和」「皇后と共に」。象徴天皇制とは何かを考える上で、歴史学として、いわゆる「平成流」を本格的に研究し、明仁天皇の個人史を明らかにする必要があるように思う。今後、取り組んでいきたい。

河西　秀哉

二〇一九年五月

主要参考文献

明石元紹『今上天皇　つくらざる尊厳』講談社、二〇一三年
石田あゆう『ミッチー・ブーム』文春新書、二〇〇六年
岩井克己『天皇家の宿題』朝日新書、二〇〇六年
牛島秀彦『ノンフィクション 天皇明仁』河出文庫、一九九〇年
大野裕子「新聞報道からみるミッチー・ブーム」『岡田山論集』第一七号、二〇一五年
小田部雄次『皇族』中公新書、二〇〇九年
梶山季之「皇太子妃スクープの記」『文藝春秋』一九六八年六月号、のちに梶山季之『ルポ 戦後縦断』岩波現代文庫、二〇〇七年に所収
加藤恭子『田島道治』TBSブリタニカ、二〇〇二年
河西秀哉『「象徴天皇」の戦後史』講談社選書メチエ、二〇一〇年、増補版『天皇制と民主主義の昭和史』人文書院、二〇一八年
河西秀哉「解説」藤島泰輔『孤獨の人』岩波現代文庫、二〇一二年所収
河西秀哉『皇居の近現代史』吉川弘文館、二〇一五年
河西秀哉「戦後社会と象徴天皇制」『歴史評論』第七八四号、二〇一五年
河西秀哉「戦争責任論と象徴天皇制」『歴史学研究』第九三七号、二〇一五年
工藤美代子『ジミーと呼ばれた日』恒文社21、二〇〇二年
宮内庁編『新装版　道　天皇陛下御即位十年記念記録集　平成元年~平成十年』日本放送協会、二〇〇九年

宮内庁編『道　天皇陛下御即位二十年記念記録集　平成十一年～平成二十年』日本放送協会、二〇〇九年
宮内庁侍従職『皇后陛下お言葉集　歩み』海竜社、二〇〇五年
古関彰一『新憲法の誕生』中央公論社、一九八九年
児玉隆也「皇太子への憂鬱」『現代』一九七三年九月号、のちに児玉隆也『この三十年の日本人』新潮文庫、一九八三年に収録
後藤致人『昭和天皇と近現代日本』吉川弘文館、二〇〇三年
後藤致人『内奏』中公新書、二〇一〇年
斉藤利彦『明仁天皇と平和主義』朝日新書、二〇一五年
坂本孝治郎『象徴天皇制へのパフォーマンス』山川出版社、一九八九年
佐道明広「「皇室外交」に見る皇室と政治」『年報近代日本研究』二〇、一九九八年
佐藤功「イギリスの王室の日本の皇室」『時の法令』第九二号、一九五三年
佐藤達夫「〝国事〟と恩赦」『時の法令』第三〇八号、一九五九年
塩田潮『昭和をつくった明治人』上、文藝春秋、一九九五年
篠田博之「マスコミタブー皇室篇　第一一回　皇后バッシング騒動」『創』二〇一五年一月号
清水幾太郎「占領下の天皇」『思想』第三四八号、一九五三年
城山三郎「天皇制への対決」『婦人公論』一九五九年六月号
瀬畑源「明仁皇太子の教育に関する一考察」『年報日本現代史』第九号、二〇〇四年
薗部英一編『新天皇家の自画像』文春文庫、一九八九年
高杉善治『天皇明仁の昭和史』ワック、二〇〇六年

高橋紘『象徴天皇の誕生』角川文庫、二〇〇二年
高橋紘「皇太子訪米と六〇年安保」五十嵐暁郎編『象徴天皇の現在』世織書房、二〇〇八年
高橋紘『人間 昭和天皇』上、講談社、二〇一一年
秩父宮雍仁「東宮様の環境」『改造』第三三巻第一八号、一九五二年
知念功『ひめゆりの怨念火』インパクト出版会、一九九五年
藤樫準二『千代田城』光文社、一九五八年
冨永望『昭和天皇退位論のゆくえ』吉川弘文館、二〇一四年
豊下楢彦『昭和天皇の戦後日本』岩波書店、二〇一五年
波多野勝『明仁皇太子エリザベス女王戴冠式列席記』草思社、二〇一二年
服部龍二『外交ドキュメント 歴史認識』岩波新書、二〇一五年
原武史『皇居前広場』光文社新書、二〇〇三年
原武史『「昭和天皇実録」を読む』岩波新書、二〇一五年
東野真『昭和天皇二つの「独白録」』日本放送協会、一九九八年
深代惇郎『深代惇郎の青春日記』朝日新聞社、一九七八年
藤田覚「天皇　変わるものと変わらないもの」『思想』第一〇四九号、二〇一一年
外間守善「琉歌四十首のノート」『諸君!』第四〇巻第七号、二〇〇七年
保阪正康『明仁天皇と裕仁天皇』講談社、二〇〇九年
保阪正康『天皇のイングリッシュ』廣済堂新書、二〇一五年
松浦総三『天皇とマスコミ』青木書店、一九七五年

松尾尊兊『日本の歴史㉑　国際国家への出発』集英社、一九九三年
松下圭一「大衆天皇制論」『中央公論』一九五九年四月号
三谷隆信『回顧録』中公文庫、一九九九年
森暢平「ミッチー・ブーム、その後」河西秀哉編『戦後史のなかの象徴天皇制』吉田書店、二〇一三年
森暢平「昭和20年代における内親王の結婚」『成城文藝』第二二九号、二〇一四年
矢部宏治『戦争をしない国　明仁天皇メッセージ』小学館、二〇一五年
山本雅人『天皇陛下の本心　25万字の「おことば」を読む』新潮新書、二〇一四年
吉田伸弥『天皇への道』読売新聞社、一九九一年
吉田裕『昭和天皇の終戦史』岩波新書、一九九二年
吉田裕「現代日本のナショナリズム」後藤道夫編『日本の時代史28　岐路に立つ日本』吉川弘文館、二〇〇四年、のちに吉田裕『現代歴史学と軍事史研究』校倉書房、二〇一二年に収録
渡辺治『戦後政治史の中の象徴天皇制』青木書店、一九九〇年
渡辺治『日本の大国化とネオ・ナショナリズムの形成』櫻井書店、二〇〇一年
エリザベス・ヴァイニング『皇太子の窓』文藝春秋、一九八九年
ケネス・ルオフ『国民の天皇』共同通信社、二〇〇三年

主要史料

「昭和天皇実録」（宮内庁）
外務省外交史料館蔵「皇太子継宮明仁親王殿下御外遊一件」「皇太子同妃両殿下御訪米関係一件」「皇太子継宮

明仁親王同妃両殿下フィリピン御訪問関係（昭和37年）」
衆議院・参議院委員会議事録
『入江相政日記』第一巻～第六巻、朝日新聞社、一九九〇～九一年
『佐藤栄作日記』第一巻～第六巻、朝日新聞社、一九九八～一九九九年
『梨本宮伊都子妃の日記』小学館、一九九一年
『朝日新聞』『神社新報』『東京新聞』『中部日本新聞』『毎日新聞』『読売新聞』『The Manchester Guardian』
『サンデー毎日』『週刊朝日』『週刊サンケイ』『週刊女性』『週刊新潮』『週刊東京』『週刊文春』『週刊明星』
『週刊読売』『宝島30』『婦人公論』『ＮＨＫ年鑑』
宮内庁ホームページ

関連年表

西暦	元号	事項	
1933	昭和8	12月23日	裕仁親王（昭和天皇）と良子女王（香淳皇后）の第5子（第1皇子）として皇居内の参殿で誕生。
1934	昭和9	10月20日	正田美智子（現・皇后）誕生。
1937	昭和12	3月29日	東宮仮御所（青山御所内）の完成にともない、住まいを移す。
		7月7日	盧溝橋事件発生（その後、日中戦争へ拡大）。
1940	昭和15	4月8日	学習院初等科に入学。
1941	昭和16	12月8日	日本政府、米英に宣戦布告（アジア・太平洋戦争開戦）。
1944	昭和19	7月	日光田母沢御所に疎開。
1945	昭和20	8月15日	終戦の詔勅がラジオで放送（玉音放送）。
1946	昭和21	4月	学習院中等科に進学。
		10月15日	家庭教師としてエリザベス・ヴァイニングが来日。
		11月3日	日本国憲法公布。
1947	昭和22	2月26日	小泉信三、東宮教育常時参与に就任。
1949	昭和24	4月18日	学習院高等科に進学。
1952	昭和27	4月21日	学習院大学政治経済学部に入学。
		11月10日	立太子の礼。

西暦	元号	事項
1953	昭和28	3月30日〜10月12日　初の外遊。イギリスエリザベス女王の戴冠式に出席。それにともない、ヨーロッパ12カ国およびアメリカ、カナダを歴訪。
1956	昭和31	3月26日　学習院大学終了。
		4月15日　『孤獨の人』刊行。
1958	昭和33	11月27日　皇室会議により正田美智子との婚約が決定。
1959	昭和34	4月10日　結婚の儀がとりおこなわれる。
1960	昭和35	2月23日　浩宮徳仁親王（現・皇太子）誕生。
		9月22日〜10月7日　日米修好100周年に際しアメリカ訪問。
		11月12日〜12月9日　イラン、エチオピア、インド、ネパール訪問。
1962	昭和37	1月22日〜2月10日　パキスタン、インドネシア訪問。
		11月5日〜10日　フィリピン訪問。
1963	昭和38	3月23日　胞状奇胎と診断され、美智子妃流産の処置手術。その後静養。
1964	昭和39	5月10日〜17日　メキシコ訪問。
		12月14日〜21日　タイ訪問。
1965	昭和40	11月30日　礼宮文仁親王誕生。
1967	昭和42	5月9日〜31日　ペルー、アルゼンチン、ブラジル訪問。
1969	昭和44	4月18日　紀宮清子内親王誕生。
1970	昭和45	2月19日〜28日　マレーシア、シンガポール訪問。
1971	昭和46	6月3日〜12日　アフガニスタン訪問。

		9月27日～10月14日　昭和天皇初の外遊（アメリカ、ヨーロッパ4カ国）にともない、国事行為臨時代行となる。
1973	昭和48	5月6日～23日　オーストラリア、ニュージーランド訪問。 10月11日～22日　スペイン訪問。
1975	昭和50	2月20日～28日　ネパール国王戴冠式に参列のためネパール訪問。 7月15日　沖縄国際海洋博覧会出席のため、初めて沖縄を訪問。 17日　ひめゆりの塔で過激派から火炎瓶を投げつけられる。
1976	昭和51	6月8日～25日　ヨルダン、ユーゴスラビア、イギリス訪問。
1978	昭和53	6月12日～27日　ブラジル、パラグアイ訪問。日本人ブラジル移住70周年記念式典に参列。
1979	昭和54	10月5日～14日　ルーマニア、ブルガリア訪問。
1981	昭和56	2月27日～3月7日　サウジアラビア、スリランカ訪問。 7月26日～8月2日　チャールズ皇太子の結婚式参列のためイギリス訪問。
1983	昭和58	3月10日～25日　ザンビア、タンザニア、ケニア訪問。
1984	昭和59	2月25日～3月8日　ザイール、セネガル訪問。
1985	昭和60	2月23日～3月9日　スペイン、アイルランド訪問。 6月1日～15日　スウェーデン、デンマーク、ノルウェー、フィンランド訪問。
1987	昭和62	10月3日～10日　アメリカ訪問。
1989	昭和64	1月7日　昭和天皇死去。皇太子明仁親王が天皇に即位。
1989	平成元	1月9日　即位後朝見の儀。
1990	平成2	6月29日　文仁親王、川嶋紀子と結婚。

西暦	元号	事項
1990	平成2	11月12日 即位の礼正殿の儀。
1991	平成3	2月23日 皇太子徳仁親王、立太子の礼。
		7月10日 雲仙普賢岳の噴火で被災した住民を訪問。
		9月26日〜10月6日 タイ、マレーシア、インドネシア訪問。
1992	平成4	10月23日〜28日 中華人民共和国訪問。
1993	平成5	6月9日 徳仁親王、小和田雅子と結婚。
		7月27日 北海道南西沖地震で被災した奥尻島を訪問。
		8月6日〜9日 ボードワン国王の葬儀に参列するためベルギー訪問。
		9月3日〜19日 イタリア、ベルギー、ドイツ訪問。
		10月20日 美智子皇后が倒れ、しばらく失語症に。
1994	平成6	6月10日〜26日 アメリカ訪問。
		10月2日〜14日 フランス、スペインを訪問。
1995	平成7	1月31日 阪神・淡路大震災の被災地を訪問。
1997	平成9	5月30日〜6月13日 ブラジル、アルゼンチン訪問。
1998	平成10	5月23日〜6月5日 イギリス、デンマーク訪問。
1999	平成11	11月12日 即位10年をお祝いする国民祭典。
2000	平成12	5月20日〜6月1日 オランダ、スウェーデン訪問。
2001	平成13	4月23日〜26日 阪神・淡路大震災の復興状況を視察。
2002	平成14	7月6日〜20日 ポーランド、ハンガリー訪問。

2003	平成15	1月18日　前立腺ガン手術。 7月1日　北海道・有珠山噴火（2000年）の被災地の復興状況を視察。
2004	平成16	11月6日　新潟県中越地震で被災した長岡市・小千谷市を訪問。
2005	平成17	5月7日～14日　ノルウェー訪問。 6月27日・28日　サイパン訪問。戦後60年にあたり戦没者を慰霊。 11月15日　清子内親王、黒田慶樹と結婚。
2006	平成18	6月8日～15日　シンガポール、タイ訪問。タイのプーミポン国王即位60周年の記念式典に臨席。
2007	平成19	5月21日～30日　スウェーデン、エストニア、ラトビア、リトアニア、イギリス訪問。 8月8日　新潟県中越沖地震で被災した柏崎市・刈羽村を訪問。
2009	平成21	7月3日～17日　カナダ、ハワイ訪問。 11月12日　即位20年をお祝いする国民祭典。 12月15日　習近平・中国副主席と特例会見。
2011	平成23	東日本大震災にともない、被災地の千葉（4月14日）、茨城（4月22日）、宮城（4月27日）、岩手（5月6日）、福島（5月11日）を訪問。
2012	平成24	2月18日　冠動脈バイパス手術。 5月16日～20日　イギリス訪問。エリザベス女王即位60周年記念午餐会に出席。
2013	平成25	11月30日～12月6日　インド訪問。
2015	平成27	4月8日・9日　パラオ訪問。戦後70年にあたり戦没者の慰霊。
2016	平成28	1月26日～30日　フィリピン訪問。

西暦	元号	事項
2016	平成28	3月16日〜18日　東日本大震災で被災した福島県・宮城県を訪問。 5月19日　熊本地震で被災した熊本県を訪問。 8月8日　「象徴としてのお務めについての天皇陛下のおことば」を発表。 9月28日〜10月2日　国民体育大会臨場にあわせて東日本大震災で被災した岩手県を訪問。
2017	平成29	2月28日〜3月6日　ベトナム訪問。プミポン前国王の弔問のためにタイにも立ち寄り。 10月27日〜30日　全国豊かな海づくり大会臨席にあわせて九州北部豪雨で被災した福岡県・大分県を訪問。
2018	平成30	6月9日〜11日　全国植樹祭臨場にあわせて東日本大震災で被災した福島県を訪問。 9月14日　豪雨で被災した岡山県を訪問。 9月21日　豪雨で被災した愛媛県・広島県を訪問。 11月15日　北海道胆振東部地震で被災した北海道を訪問。
2019	平成31	2月24日　在位30年記念式典。 4月30日　退位。

著者略歴
河西秀哉（かわにし　ひでや）
1977年愛知県生まれ。名古屋大学大学院文学研究科博士後期課程修了。博士（歴史学）。神戸女学院大学文学部准教授などを経て、現在、名古屋大学大学院人文学研究科准教授。
著書に、『「象徴天皇」の戦後史』（講談社選書メチエ、2010年、増補版『天皇制と民主主義の昭和史』人文書院、2018年）、『皇居の近現代史』（吉川弘文館、2015年）、『うたごえの戦後史』（人文書院、2016年）、『近代天皇制から象徴天皇制へ』（吉田書店、2018年）など。編著に、『戦後史のなかの象徴天皇制』（吉田書店、2013年）、『日常を拓く知2　恋する』（世界思想社、2014年）、『平成の天皇制とは何か』（共編、岩波書店、2017年）、『皇后四代の歴史』（共編、吉川弘文館、2018年）など。

平成の天皇と戦後日本

二〇一九年六月二〇日　初版第一刷印刷
二〇一九年六月三〇日　初版第一刷発行

著　者　河西秀哉
発行者　渡辺博史
発行所　人文書院
〒六一二‐八四四七
京都市伏見区竹田西内畑町九
電話〇七五・六〇三・一三四四
振替〇一〇〇〇‐八‐一一〇三

装　幀　上野かおる
印刷所　モリモト印刷株式会社

落丁・乱丁本は小社送料負担にてお取り替えいたします

ISBN978-4-409-52078-9 C0021

河西秀哉著

天皇制と民主主義の昭和史

昭和天皇は何度も訪れた退位の危機をいかにして乗り越え、「象徴」となったのか。敗戦から青年皇太子の誕生まで、戦後民主主義の中で揺れる天皇制とその実態を描き出した力作。

二五〇〇円

河西秀哉著

うたごえの戦後史

うたうこと、それはまずは娯楽であり、同時に常にそれ以上の何かでもあった。戦時には動員の手段として、戦後には市民運動や社会闘争の現場で、民主と平和の理念を担い、うたごえは響いていた。本書では日本近代以降、とくに敗戦から現在にいたる「合唱」の歴史を追う。うたごえ運動、おかあさんコーラス、合唱映画…。戦後史に新たな視角を切り拓く意欲作。

二二〇〇円